AF277450

HABLAS DE MÍ COMO SI HUBIERA MUERTO

Hablas de mí como si hubiera muerto

HIGINIO POLO

2024

© de los textos: Higinio Polo
Edición: Manuel González
Maquetación: Roberto Barrios
Portada: MG&RB
Foto de portada: *The Louisville Flood,* de Margaret Bourke-White
Coordinación editorial de Joaquín Recio Martínez
© de la edición, Atrapasueños SCA
www.libreria-atrapasuenos.com
e-mail: atrapasuenos@gmail.com
tlf contacto: 653 510 310

ISBN-13: 978-84-128389-7-8
Hecho en Andalucía, junio 2024.

A la memoria de Carme Bas

Nota

A veces, en los entresijos de la memoria brotan itinerarios sorprendentes, días luminosos y años oscuros, sonrisas felices, olores de pan tierno y de garbanzos estofados de la niñez, y nadie sabe por qué nos empeñamos en ir tras ellos, mirarlos de nuevo, con la pretensión inútil de atraparlos otra vez, de respirar esos aires de infancia, evocando voces abrasadas por el tiempo que nos dejaron sus recuerdos, o que leímos en lejanas tardes de lluvia, en un laberinto arbitrario y preciso. Una soleada y tranquila mañana de invierno en Buenos Aires vuelve a tu memoria con una brisa fría que es la misma de entonces, aunque el brillo de San Telmo lo encuentres después reflejado en una escena de Prokudin-Gorski capturada en aquella concienzuda y abrumada expedición a la vieja Rusia.

No existen guías rápidas para encontrar vínculos perdidos y detener la implacable y sombría boira con que la autoridad y el tiempo nos atrapan y, a veces, nos ahogan. Por eso, surgiendo de días turbulentos y espacios pedregosos o germinales, en estas páginas están una joven anarquista, judía polaca, que fotografiaba las sórdidas callejuelas del *barrio chino* barcelonés (donde no vivía ningún chino) un par de años antes de que estallase la guerra civil española, entre mercados de pobres y niños que jugaban al escondite; y aparecen

9

unos rótulos oxidados de nuestra época que nos remiten a la célebre imagen de Bourke-White con los negros en las colas del hambre bajo la gran valla publicitaria del capitalismo estadounidense que se jactaba: *World's highest standard of living. There's no way like the American way.* Y está Lee Miller aseándose en la bañera muniquesa de Hitler; y se observa a Paul Strand refugiándose en París, huyendo del furor de la *caza de brujas* del senador McCarthy, y surge la joven Berenice Abbott fotografiando en 1935 el puente de Manhattan desde las calles Pike y Henry de Nueva York, vías de las que solo queda el nombre. Y está la fascinante Annemarie Schwarzenbach, que navegaba en un buque de carga portugués durante la Segunda Guerra Mundial (con Carson McCullers amándola en la distancia) para llegar desde Angola hasta Lisboa, tomando morfina, sin sospechar que la parca estaba esperándola porque sus treinta y cuatro años de vida estaban a punto de concluir. Y creemos ver a Chéjov en la Sadóvaya-Kudrínskaya *ulitsa*, y no muy lejos a León Tolstói, en las mismas calles moscovitas que recorría Prokudin-Gorski; y a Walter Benjamin en el bullicioso Moscú de la revolución. Y en otros mundos, al estrafalario Andy Warhol y la inquieta Virginia Woolf, sin olvidar a Paul Éluard y Latif Al-Ani. Y junto al legendario Kim Philby, la figura patética de Walter Krivitski, que tras traicionar a sus antiguos camaradas fue atrapado por el remordimiento: un día antes de suicidarse, Krivitski lo pasó con unos viejos amigos hablándoles de los días pretéritos, con la mirada absorta de quien añora los viejos tiempos, volviendo sobre sus pasos en aquella España de la Guerra Civil que pugnaba por vencer al fascismo, recordando la República de Azaña, la Pasionaria y Negrín, cantando canciones del Ejército Rojo, sabiendo que su vida había terminado.

10

Maggie, una chica del Bronx

Margaret Bourke-White, *Maggie*, fue una mujer audaz y decidida, capaz de volar en bombarderos, acudir a los frentes de combate de la Segunda Guerra Mundial o encaramarse en 1934 sobre el vacío de Manhattan en una de las águilas de Kenneth Lynch en el piso 61 del edificio Chrysler de Lexington Avenue en Nueva York. Era una chica del Bronx neoyorquino, de una familia de orígenes judíos polacos e irlandeses, que pudo estudiar en la universidad y que con poco más de veinte años empezó a publicar fotografías en revistas de gran difusión, mostrando rascacielos, telares, acerías, fábricas, en encargos publicitarios, y consiguió fotografiar a relevantes personas de su época: a Roosevelt en 1934; al emperador etíope Haile Selassie cuando estaba exiliado en Bath, Gran Bretaña, a causa de la invasión italiana; y la placa que Bourke-White le hizo a Churchill fue elegida para la portada de *Life* el 29 de abril de 1940. Es notable también la imagen sonriente de Stalin que tomó en 1941 y que publicó la misma revista en marzo de 1943, justo tras la victoria del Ejército Rojo en Stalingrado. Sus fotografías publicadas en *Life* le dieron gran relevancia; en los años de guerra era muy conocida en todo el país y su fama se extendió por el mundo. Nos dejó sus memorias, escritas durante su enfermedad, que tuvieron unas ventas notables, además de una docena de libros escritos por ella o en colaboración, y Vicki Goldberg le dedicó una biografía en 1986 y organizó una retrospectiva por encargo del International Center of Photography que recorrió durante dos años Estados Unidos y Japón.

Nacida en 1904, Bourke-White murió en 1971, a causa de la larga mano del Parkinson. Había tenido inclinación por los reptiles y los anfibios, estudió biología en Michigan e incluso se licenció en Bellas Artes antes de crear un estudio fotográfico con poco más de veinte años. Se llamaba Margaret White, por su padre, pero quiso anteponer el apellido materno, Bourke, al paterno, uniéndolos con un guion para hacerlos inseparables, quién sabe si para que no la relacionaran con su primer maestro, Clarence H. White. Estudiante de herpetología en la Columbia University neoyorquina, abandonó esa especialidad para estudiar con Clarence H. White en la escuela que éste había creado en 1914 en Nueva York, la Clarence H. White School of Photography, que además de Bourke-White acogió también a Dorothea Lange, tan cercana a ella en su mirada sobre los efectos de la Gran Depresión en Estados Unidos. White era partidario de la Photo-Secession que había fundado Alfred Stierglitz en 1902, pero Bourke-White no siguió sus indicaciones.

Con solo veinte años, *Maggie* se casa con Everett Chapman, pero su unión acaba dos años después. Empezó a hacer fotografías con una cámara Ica Reflex por los recintos de la Universidad de Cornell, y hacia 1927 está fotografiando las acerías de Cleveland, como había hecho años antes Lewis Hine con las de Pittsburgh. Trabaja entonces sobre todo en la Otis Steel Company, una de las empresas que habían convertido a Ohio en uno de los mayores productores de acero en Estados Unidos. Las fotografías de Maggie de la industria estadounidense, que estaba cambiando el país, reflejan la influencia de la *Nueva Objetividad* que había impulsado en la fotografía europea Albert Renger-Patzsch, y se relacionan sin saberlo con algunas imágenes que aparecen en *Sovetskoe Foto*, la revista de fotografía soviética que empezó a publicarse en 1926, y con el trabajo de Ród-

12

chenko, aunque Bourke-White les da a veces una apariencia cercana a la abstracción, como en los soportes de acero de las tuberías utilizadas en la construcción de la presa Fort Peck en Montana que tomó en 1936.

Cuando estalla la Gran Depresión, Henry Luce le ofrece trabajar en la revista *Fortune* y después en *Life*, a la que se incorporará en 1936. Cuando termina el año del *crack* de la bolsa de Nueva York, Walter P. Chrysler la contrata para que haga un reportaje publicitario del rascacielos Chrysler neoyorquino; allí la fotografía Oscar Graubner, mientras *Maggie* sujeta la cámara sobre la cabeza del águila. Había iniciado ya una actividad frenética que le llevaría a recorrer países. Se integra entonces en un equipo con otros tres fotógrafos, Peter Stackpole, Alfred Eisenstaedt y Tom McAvoy, y en 1930 viaja a la joven Unión Soviética, que está impulsando su primer plan quinquenal. Muchas de las referencias previas de Maggie sobre el país de los sóviets se las facilitó Dan Morgan, el administrador de Cleveland. Vuelve en otras dos ocasiones, en 1931 y 1932, documentando con centenares de fotografías el desarrollo industrial soviético, trabajos que le permiten publicar *Eyes on Rusia* en 1931. Esos *ojos* hacen posible también que sus imágenes del país de los sóviets aparezcan en *The New York Times Magazine*. En la Unión Soviética, fotografió a niños, estudiantes, fábricas y grandes obras, estudios cinematográficos, industrias como en Magnitogorsk, y la Estación Hidroeléctrica del río Dniéper en Zaporiyia, Ucrania, que habían diseñado Víktor Vesnin y Nikolái Kolli, arquitectos constructivistas de la Obiedinénie Sovreménnyj Arjitéktorov, OSA, el centro de la arquitectura de vanguardia soviética. Visitó varias ciudades captando a los trabajadores soviéticos, y en 1932, en Tiflis, pudo fotografiar a Ekaterina Dzhugashvili, la madre de Stalin, una mujer austera de pocos recursos económicos que vivía en dos pequeñas habitaciones, y en Didi-Lilo pudo ver la choza de barro donde había nacido el dirigente soviético, y fotografiar a una tía abuela de Stalin que a

13

Bourke-White le pareció que con sus "bufandas de lana gris envueltas alrededor de su cabeza y cuello, parecía como una gran tortuga terrestre a punto de meterse en su caparazón".

El impacto de la Gran Depresión en la población estadounidense y la pobreza que asedia a millones de personas en los estados rurales que Bourke-White fotografía para *Fortune*, le conmueven y aunque trabaja con la fotografía publicitaria se interesa cada vez más por la documental. Así lo muestra en la captura que hace de la cola de ciudadanos negros pobres que esperan recibir alimentos y ropa, cargados con cubos de zinc, bajo un gran cartel que indica: "*WORLD'S HIGHEST STANDARD OF LIVING. There's no way like the american way*". La pobreza recorría el "nivel de vida más alto del mundo", donde "no hay como la forma americana". Maggie trabaja después en un libro sobre la pobreza en el *Midwest* americano, y en 1936 en otro volumen sobre la vida en el sur del país, en colaboración con Erskine Caldwell, un escritor que había frecuentado a los aparceros pobres estadounidenses, que fue muy leído en la Unión Soviética, vio sus libros prohibidos y fue detenido por el FBI, y con quien *Maggie* se casa, en una unión que durará tres años y cuyo final ella atribuirá a los celos del escritor y a la dureza de su carácter. Contrajeron matrimonio en una capilla de Silver City, Nevada, el 29 de febrero de 1939, y fueron de luna de miel a Hawái, donde se toman una fotografía sonrientes en la arena.

En 1937, Maggie ya había publicado con él *You Have Seen Their Faces*, un crudo relato sobre la vida de los trabajadores pobres sureños, de los rostros de la miseria durante la Gran Depresión, de temática similar al que publicarían dos años después Dorothea Lange y su marido Paul Schuster Taylor, y el que hicieron en 1941 Walker Evans y el escritor James Agee sobre los arrendatarios pobres, *Let Us Now Praise Famous Men (Elogiemos ahora a los hombres famosos)*. Esos libros de Maggie tendrían continuidad en 1941 con *Say this the USA?*, una mirada al país de los años previos a la Segunda Guerra

14

Mundial. Con esa experiencia y el sufrimiento de los campesinos y aparceros estadounidenses, Bourke-White renovó su interés por las condiciones en que desarrollaban su vida los trabajadores y ciudadanos más desprotegidos y por las causas que llevaban a ello. Ingresa en la American League for Peace and Democracy, el nuevo nombre que había adoptado en 1937 la American League Against War and Fascism creada por el Partido Comunista de Estados Unidos en 1933 para impulsar la lucha contra el nazismo y el fascismo. También colabora con la American Youth Congress que tenía mucha relación con la Young Communist League, cuyos miembros eran perseguidos por el Comité de Actividades Antiamericanas de la Cámara, HCUA, que presidía Martin Dies; e ingresa en el Partido Comunista. En esos años, gracias a los ingresos de sus fotografías comerciales, Bourke-White vive en la planta sesenta y cuatro del edificio Chrysler, en Nueva York, una ciudad que retrata en una singular fotografía que muestra a un avión Douglas DC-4E volando sobre Manhattan en 1939.

Life la envía a Checoslovaquia en 1938, y durante meses, en compañía de Caldwell, recorre el país desde la frontera con Polonia hasta Praga y los Sudetes recogiendo imágenes que servirán para publicar *North of the Danube*, donde constata el odio a los judíos que el nazismo había extendido por Europa, y fotografía a miembros de las Juventudes Hitlerianas, actos del NSDAP, esa inquietante Europa previa a la guerra que no tardaría en estallar. Maggie siente una profunda aversión hacia el régimen nazi, por la dictadura fascista de Franco en España, la ocupación alemana de Checoslovaquia. Después, en febrero de 1940, fotografía a las niñas vestidas con uniforme en una escuela de Chisinau haciendo el saludo brazo en alto de la Straga Taree, una organización juvenil rumana fascista; presencia después el paso de las tropas indias, bajo mando británico, entre las pirámides de Guiza, en Egipto, el mismo año; capta a la camellería de los beduinos en el desierto, cerca de Damasco, que forman parte

15

de las tropas francesas; y a miles de musulmanes en Delhi, ante la Jama Masjid que reflejaba el mundo, en 1946. Y a Gandhi leyendo, sentado ante la rueca, el mismo año.

En la primavera de 1941 vuelve de nuevo a la URSS, con Caldwell, cuando ya ha comenzado la Segunda Guerra Mundial y los nazis controlan media Europa. Para llegar a la Unión Soviética, Bourke-White y Caldwell se ven obligados a entrar en China, atravesar Mongolia, bordear el desierto de Gobi, y después la región de Xinjiang, para llegar a Alma-Ata, en el Kazajastán soviético y poder alcanzar la capital soviética. Recorren también las tierras ucranianas, Járkov, Rostov, el Donbás, el Mar Negro. Bourke-White está en Moscú cuando la Lutwaffe nazi bombardea la ciudad, momento que capta en una impresionante imagen del ataque aéreo al Kremlin. El 19 de julio, Maggie está observando la ciudad, tomando fotografías: unos días después, el 26, fotografía las torres del Kremlin iluminadas por una bengala lanzada por la Luftwaffe nazi. Ante el peligro de los bombardeos alemanes, el embajador estadounidense, Laurence Steinhardt, había convocado a Maggie y Caldwel a la embajada y les ofreció dos pasajes en tren hasta Vladivostok, para salir de la Unión Soviética, pero desisten. En el hotel, cuando suenan las sirenas de alarma, ambos deben acudir obligatoriamente al refugio, sin poder fotografiar, por lo que acuden a la embajada: desde allí ella tomará esa escena con el Kremlin iluminado por las bengalas, con las bombas incendiarias cayendo y los reflectores iluminando la oscuridad. Se arriesga: en una ocasión desciende al refugio de la embajada a toda prisa, hiriéndose en las manos y bajando entre vidrios rotos. Según cuenta Bourke-White en sus memorias, su habitación de hotel y su balcón estaban frente al Kremlin, San Basilio, la Plaza Roja y el mausoleo de Lenin, un magnífico lugar para tomar fotografías. Anota también que Trotski había estado en el balcón de su habitación, donde dio su último discurso antes de abandonar el Gobierno soviético; así como el aviador Charles Lindbergh y su esposa Anne, que

16

saludaron desde allí a una multitud de moscovitas tras su histórico vuelo por el mundo. Desde allí Maggie vio los bombardeos nazis y le impresionó especialmente una noche en que los alemanes lanzaron sobre el Kremlin bengalas "como gigantescos parasoles llameantes". Pese a todo, pudo culminar uno de sus más importantes objetivos: uno de aquellos días, un automóvil enviado por el gobierno soviético la recogió para que pudiera fotografiar a Stalin en el Kremlin, como había solicitado Bourke-White. Después, escribió un apresurado relato de su visita al Kremlin para enviarlo a *Life*. En el viaje de regreso de la Unión Soviética, vemos a Maggie y Caldwell ataviados con gorros rusos junto a un cartel que indica: *Mind your head*, en una fotografía tomada a bordo de un barco en el Mar Blanco, a finales de octubre de 1941: habían comprado las *ushankas* en Arcángel, en la península de Kola, para la travesía del Ártico. Después, cruzaron el Mar del Norte y llegaron a Escocia, para volar desde allí a Portugal. En 1942, once años después de su primer libro sobre las tierras rusas, Maggie publica otro volumen sobre la Unión Soviética durante la guerra, *Shooting the Russian War*, con imágenes que había captado el año anterior.

Eran tiempos difíciles y tenían que cuidar su cabeza: al año siguiente, mientras Maggie navega por el norte de África hacia Gibraltar, su barco es alcanzado el 22 de diciembre por un torpedo alemán y todos los pasajeros tienen que ser rescatados en botes salvavidas, sin que ella deje de tomar fotografías: en una, se ve a las mujeres en un bote, imagen que es publicada en febrero de 1943 por *Life*. En ese mismo año, acompaña a los militares de la Air Force en una operación para bombardear objetivos en el norte de África, el aeródromo tunecino de El Aouina, utilizado por los alemanes: la vemos en ese momento junto a la hélice del avión, vestida con el uniforme especial de cuero y vellón que le preparó la Fuerza Aérea estadounidense, con la cámara en la mano. Ese mismo año recorre los frentes y la retaguardia en Italia, y el valle de Cassino, al sur del

Lazio, ya en enero de 1944, donde observa las duras jornadas de combate del Fifth Army estadounidense acompañada por uno de los militares, Jess Padgitt; con las fotografías que reúne, publica después *They Called it Purple Heart Valley*, documentando el duro trabajo de los servicios médicos que trataban a los heridos y moribundos, aunque muchas de las imágenes se perdieron durante el envío a Estados Unidos.

Cubre el fin de la Segunda Guerra Mundial en Alemania, va a Frankfurt en marzo, y el 11 de abril llega a Buchenwald. Las fotografías que hace Maggie son publicadas en impresionantes reportajes que aparecen en *Life*: el olvidado frente italiano (*Forgotten Front: Italy*); los suicidios de nazis y sus familias (*Suicides*); y la saga de los Krupp (*The Krupp Family*). La fotografía en 1945 de las ruinas de Essen arrasada por los bombardeos estadounidenses, donde tenía fábricas Krupp, muestra el rostro despiadado de la guerra. Al año siguiente, publica el libro *Dear Fatherland, Rest Quietly*, (*Querida patria, descansa en paz*), que será utilizado como prueba en el proceso de Núremberg contra los altos mandos nazis. En él, describe la Alemania que había recorrido, la siniestra saga de Alfried Krupp, que tanta repugnancia le causó; el Reich de los mil años de Hitler era "un pozo sin fondo de maldad". Krupp casi salió indemne: se había incorporado en 1931 a las SS, gestionaba fábricas con esclavos durante la guerra, fue condenado en Núremberg, pero Estados Unidos impuso que fuera indultado tras pasar sólo tres años en prisión.

Son notables las fotografías de Buchenwald que captó Bourke-White, las miradas de desconfianza y miedo de los deportados con los uniformes de rayas tras el alambre de espino, los *Supervivientes en un barracón*, que muestra los rostros cadavéricos de quienes habían podido resistir, ya sin fuerzas, en el campo de exterminio, tumbados en los camastros de madera o descalzos sobre el suelo mugriento, con los ojos desorbitados, la mirada fija en la cámara

18

de Bourke-White. Fotografió los camiones cargados de cadáveres amontonados, y los *Supervivientes en un hospital*, con decenas de prisioneros agrupados junto a un enfermo acostado en una precaria camilla; y otras con soldados y habitantes de Weimar pasando junto a las montañas de cadáveres del campo de exterminio, forzados por Patton. Bourke-White recoge en sus memorias la frase que repetían los habitantes de Weimar ante el horror de Buchenwald: "No sabíamos, no sabíamos." Pero sí que lo sabían, apunta la fotógrafa: "Buchenwald era más de lo que la mente podía comprender." Una de las imágenes más impresionantes que tomó, donde no aparece ningún preso del campo de exterminio, muestra a esos ciudadanos de Weimar que visitan el campo: un atildado hombre de gafas redondas que mira; los ojos agazapados de otra mujer que se esconde tras él, y en primer plano una mujer madura, bien vestida, que se tapa la boca con un pañuelo para no ver por completo el horror del nazismo, porque ellos no sabían. En el campo de trabajo de Leipzig-Mochau, donde fabricaban piezas para aviones, Maggie vio después los centenares de cadáveres carbonizados de los prisioneros que habían sido quemados vivos por las SS en un edificio. Quienes pudieron salir, convertidos en antorchas humanas, fueron ametrallados por soldados de las Juventudes Hitlerianas.

Tras el final de la guerra, Bourke-White viaja al subcontinente indio, donde fotografía a Gandhi en 1946 antes de que fuera asesinado en enero de 1948, y a Muhammad Ali Jinnah, el dirigente de la Liga Musulmana y padre de Pakistán que muere pocos meses después de Gandhi. Maggie ha seguido las movilizaciones que pugnaban por liberarse del yugo británico y que culminan con la partición en India y Pakistán. La década de los años cincuenta la inicia con un viaje a Sudáfrica, gobernada en ese momento por el National Party, la organización de los sudafricanos blancos nutrida de partidarios de la Alemania nazi durante la guerra (entre ellos, el propio fundador, James Barry Munnik Hertzog, que había sido primer ministro

19

durante quince años, hasta 1939) que había impuesto el *apartheid*. Fotografía una reunión de los orgullosos y ricos nacionalistas blancos, presidida por Oom Loo Vosloo, y las condiciones de esclavitud en que viven los negros bajo la segregación racial, la extrema dureza del trabajo en las minas de oro y de diamantes. Después, Maggie viaja a la guerra de Corea, acompañando en la península a los militares surcoreanos y estadounidenses, donde ve la pobreza y la destrucción que causa la intervención de Estados Unidos. Pero está llegando al final de su vida de fotógrafa: la maldición de Parkinson la atrapa, como a Edward Weston y Eugene O'Neill, como ella recordaría después en sus memorias. Las intervenciones quirúrgicas en el cerebro no impiden el avance de la enfermedad, que le impide hablar y casi moverse.

En 1963, diez años después de su viaje a Corea y de los primeros síntomas de su enfermedad, Maggie publicó sus memorias: *Portrait of Myself*, acompañadas por fotografías ajenas donde ella aparece y por imágenes captadas por su cámara. Mientras recorría la destruida Europa, otras mujeres fotógrafas como ella, Lee Miller o Martha Gellorn, hacían lo mismo, y sus imágenes, tan distintas, parecen recoger a nuestros ojos la desquiciada soledad de la guerra y las lágrimas de un tiempo irrepetible. Maggie sucumbió al Parkinson, y Martha Gellorn, calificada muchas veces también como la primera mujer corresponsal de guerra, tomó el camino del suicidio, mientras Lee Miller era una fotógrafa casi olvidada. En su ocaso, Maggie confesó que toda su trayectoria había sido preparada minuciosamente. No podemos saberlo. Recluida durante el final de su vida, aún pudo resistir unos años, hasta que en 1971 sucumbió en el hospital de Stamford. Aún vivía en Horseplay Hill, la casa que había construido con Erskine Caldwell en Point-o-Woods Road en Darien, Connecticut, cuyos gatos y jardín cuidó siempre con mimo.

Hablas de mí como si hubiera muerto

El 26 de enero de 1939, un joven periodista británico, Kim Philby, circula por la avenida Diagonal de Barcelona y se dirige hacia la plaza de Cataluña. Ha llegado con las primeras tropas fascistas, que están ocupando la ciudad. Al día siguiente, Philby publica un artículo en *The Times* de Londres, "The fall of Barcelona. An unopposed entry". Pero el titular del periódico no reflejaba toda la situación porque algunos grupos de comunistas aún intentaban resistir, desesperadamente, aunque unos días antes el gobierno de la Generalitat ya había abandonado la ciudad; después, lo hizo el de Negrín. Con las tropas fascistas en el sur de la ciudad, el ejército republicano apresura su retirada por la carretera de Ribas para seguir por la costa, donde será bombardeado sin piedad, pugnando por alcanzar la frontera francesa. Es un golpe demoledor para la joven República española; Philby lo sabe y lo lamenta, pero debe mostrar alegría: es un militante comunista convertido en espía soviético, que ejerce de periodista conservador de ocasión que contempla la derrota republicana, mientras recorre la Barcelona triste de enero de 1939, llena de falangistas de correaje, tropas marroquíes y navarras, fascistas sanguinarios de comunión diaria, curas de sotana y de cuartel.

Tras la Guerra Civil, Philby se convirtió en funcionario de la inteligencia británica, y hoy, tantos años después, sigue siendo protagonista de innumerables referencias: Enrique Bocanegra relató su vida durante la contienda española, y Ben Macintyre dio cuenta de sus amistades en *Un espía entre amigos,* y de su trayectoria en *Espía y traidor.* Además de sus memorias, *My Silent War,* la bibliografía sobre Philby es abundante: Patrick Seale, Genrikh Borovik, Phillip Knightley, Anthony Cave Brown, han escrito sobre él, y no hay duda de que seguirán surgiendo informaciones cuando los archivos del KGB, la CIA y el MI6 puedan consultarse. Algunos fondos del MI5 estarán disponibles a partir de 2027. Philby se ha convertido en uno de los grandes espías del siglo XX, pero nunca recibió nada a cambio de su espionaje y sus informaciones a Moscú. Nunca espió por dinero. Todas las fuentes de la época hablan de que Kim Philby era un hombre encantador, atento, educado. Su amigo Graham Greene recordaba las *ocurrencias* de Philby en el prólogo de *My silent war,* cuando el espía ya estaba en Moscú. Era, además, capaz de borrar todas las huellas, incondicional con sus amigos, como Anthony Blunt, que también se hizo comunista y espía para Moscú, viendo la resistencia española al fascismo, y como Guy Burgess, otro camarada de Philby.

* * *

En esos días de enero de 1939, Philby callejea por Barcelona, visita el puerto asolado por las bombas fascistas, ve a las chicas de familias pudientes confraternizar con los fascistas, observa los lugares donde se reparten raciones de comida, y va al castillo de Monjuïc, que había servido de prisión durante la guerra. Cuando sale, ve a los soldados de Franco vigilando las laderas de la montaña por donde suben, apesadumbrados y tristes, cientos de republicanos detenidos. Muchos morirán allí.

Philby llevaba meses en España. Había conseguido un acuerdo para publicar crónicas en *The Times* y fue enviado a la península, donde entra en contacto con el aparato de propaganda franquista, mientras mantiene una aventura con la actriz canadiense partidaria de Franco, Frances Mary Hyde Doble, con quien hizo algunos viajes por el país. En marzo de 1937, Philby se encuentra en Sevilla, y decide ir a ver los toros a Córdoba, una excusa para acercarse al frente, pero es detenido en la ciudad y tiene que tragarse el papel con el código secreto que utiliza para enviar mensajes a la red soviética. Consigue salir airoso del trance, pero necesita nuevos códigos: se los facilita Guy Burgess, que ha viajado para ello hasta Gibraltar. Allí se encuentran, y algunos autores creen que Burgess le encarga una misión más importante: matar a Franco, aunque otras fuentes rigurosas mantienen que la propuesta había sido desechada en Moscú. No se sabe a dónde fue Philby después. Corre peligro. Está en Talavera de la Reina, y tal vez intentó llegar a Salamanca y Burgos. No lo sabemos. Sí hay constancia de que, unas semanas después, a principios de mayo, está ya en Inglaterra.

En junio de 1937, Philby llega a Bilbao, que las tropas franquistas habían ocupado el día 19, y asiste a la misa en la plaza del Arenal, con Franco y miles de soldados fascistas en un ambiente de exaltación religiosa y patriótica. El general le concede dos entrevistas, que publica en *The Times*, y ese verano Philby visita el frente de Madrid, Brunete, contempla la caída de Santander. Con la batalla de Teruel en marcha, se instala en Zaragoza con su amante, la actriz Frances Doble, y viven en el Gran Hotel. El último día de 1937, Philby resulta herido en Caudé, un pequeño pueblo turolense, en un ataque donde mueren sus amigos periodistas: Dick Sheepshanks, corresponsal de Reuters, Bradish Johnson, enviado de *Newsweek*, y Edward Neill, de la Associated Press. Después de recuperarse, Philby es recibido y condecorado en Burgos por Franco. Mientras tanto, sigue enviando mensajes a la Unión Soviética, a través de sus enlaces: contacta mensualmente con Alexander Orlov, responsable del GPU en España. El 3 de marzo de 1938, Philby es recibido por Franco en

Burgos: el general va a condecorarlo por haber salido con vida de la explosión que mató a sus compañeros periodistas en Caudé, el 31 de diciembre de 1937. Franco cree que Philby es un periodista conservador, que ya lo había entrevistado dos veces. No sospecha que sea comunista y agente de la Unión Soviética.

La guerra civil española termina. El 28 de marzo de 1939, Philby acompaña a las tropas franquistas que entran en Madrid, como había hecho en Barcelona, y pasa los primeros meses de posguerra en la nueva España fascista: hambre, represión y muerte. En agosto, vuelve a Londres.

* * *

Kim Philby había nacido en el Punjab indio de la colonia, donde su padre, Harry St. John Bridger Philby, era un relevante funcionario del imperio británico que, años después, se convirtió en asesor de Abdulaziz bin Saúd, el guerrero que con la ayuda británica consiguió ser el primer rey de Arabia. St. John Philby, reputado arabista, acabó convirtiéndose al Islam y casándose con una mujer musulmana, Rozy al-Abdul Aziz. Por su parte, Kim Philby se había convertido en comunista durante sus años de estudiante, con Maurice Dobb, y se incorporó al espionaje soviético tras un viaje a Viena, en 1933, cuando solo tenía veintiún años. En Viena, bajo la tapadera de estudiante, colabora con la izquierda durante los primeros meses de 1934, se enamora de una comunista judía, Litzi Kohlman, con quien se casó, y se afilia al partido comunista en mayo de 1934.

Arnold Deutsch, el hombre con quien entra en contacto en 1934 en Londres, le enseña a Philby los recursos para espías, y captan también a Donald Maclean y Guy Burgess. El nombre de Philby para el NKVD será Söhnchen; después, ingresa en 1940 en el MI6, algo que será de gran utilidad para enviar información a Moscú. Philby escribiría muchos años después que supo entonces que dedicaría su vida al comunismo. Según diría décadas después su amiga

24

Flora Solomon (hija de un financiero judío ruso y mujer de izquierda que le presentó a quien sería la segunda mujer de Philby), éste la había intentado captar para el espionaje soviético ya en 1937. El MI6, esa peculiar organización de espionaje que no existe, competente y llena de borrachos, era la poderosa agencia británica donde sus responsables conspiraban y se insultaban entre sí: Trevor-Roper (el historiador que en 1983 tomó por verdaderos los *diarios* de Hitler, cayendo en el timo) decía del teniente coronel Claude Dansey que era "un perfecto mierda y un corrupto", opinión que compartía Nicholas Elliott, según aseguraba John Le Carré. A grandes rasgos, puede decirse que el MI5 británico es análogo al FBI estadounidense y el MI6 a la CIA. Philby adopta el disfraz de un conservador, escribe en la *Anglo-German Gazette* e ingresa en la *Anglo-German Fellowship*, una sociedad que fomentaba la amistad con la Alemania de Hitler. En el verano de 1936 Philby visita con frecuencia Alemania y se reúne con funcionarios nazis: tiene la cobertura de trabajar con una asociación angloalemana.

A finales de septiembre de 1939, el *Times* lo envía a Europa, a cubrir la guerra que ha empezado pero que no contempla batallas, y se instala en Arrás, Francia. El ejército británico ha seleccionado a quince periodistas para que acompañen a las tropas, y Philby es uno de ellos. El 17 de noviembre de 1939, *Times* publica sus palabras: "Muchos se muestran decepcionados ante el lento inicio del Armagedón. Esperaban peligro, pero encontraron humedad." No pasa nada en la Segunda Guerra Mundial hasta que el 10 de mayo de 1940, Alemania invade Holanda, Bélgica y Luxemburgo. Esa primavera el periódico lo envía de nuevo a Francia, aunque apenas estuvo unas semanas: Philby embarca desde Boulogne hacia Inglaterra y el 23 de mayo de 1940 llega a Londres. En junio, la *operación Dinamo* desde Dunkerque retira la expedición británica ante el avance alemán. Después, Philby deja *The Times* e ingresa en el MI6, que lo destina a una discreta escuela de espionaje en *Brickkendonbury Hall*:

25

allí encuentra a holandeses, belgas, noruegos e incluso españoles, que se preparan para ejecutar operaciones secretas.

El riesgo siempre acecha. Walter Krivitski, un hombre nacido en la Galitzia austrohúngara que dirigía desde La Haya la inteligencia soviética para Europa occidental, deserta del NKVD en octubre de 1937 y se pasa al bando británico y norteamericano llevando consigo la identidad de decenas de espías soviéticos destinados en Europa, y en 1940 revela al MI5 que un periodista inglés había sido enviado a España por el espionaje soviético para matar a Franco. Por fortuna para Philby, nadie en el MI5 lo relacionó con ello.

En 1941, con Philby ya en el MI6 británico, la guerra asola Europa: son los meses en que frecuenta la casa del curioso Tomás Harris, un marchante de orígenes españoles que ya trabajaba en el MI5 y que captaría a Juan Pujol, *Garbo*. Harris reunía en su casa de *Chesterfield Gardens* a gente como Guy Burgess, Nicholas Elliott, Anthony Blunt, Guy Liddell y Victor Rothschild, todos agentes del espionaje, en un ambiente de risas, discusiones y alcohol. Harris tuvo un final desgraciado: se estrelló con su coche, acompañado de su mujer, Hilda, en una carretera mallorquina en 1964, accidente del que, como era de esperar, muchos en Occidente hicieron responsable al espionaje soviético.

Philby vive con Aileen Furse, con quien se casa en 1946; trabaja en Londres, lo envían a la *sección V* del MI6, en Saint Albans, que se ocupaba de combatir el espionaje de otros países y de la contrainteligencia, y vigilaba también la acción de los partidos comunistas en el mundo. Allí iban a visitarlo colegas y amigos como Graham Greene, que en 1942 estará destinado por el MI6 en Sierra Leona. Con la guerra, la sección tuvo que centrarse en el espionaje alemán, italiano y otras potencias fascistas. En 1943, trasladan la oficina a Ryder Street. Philby es muy competente: envía información a Moscú sobre operaciones encubiertas, agentes, líneas de actuación.

Philby recorre Europa para orientar a los grupos que el servicio

26

secreto británico tiene en Francia, Italia, Grecia, Alemania, Suecia. Después, trabaja en Estambul, aquella ciudad cosmopolita y exótica donde todos los espías se conocían hasta el punto de bromear en público: según el finado escritor israelí Barry Rubin, una canción, *Boo, Boo, Baby, I'm a Spy*, que había escrito un agente de la OWI (*United States Office of War Information)*, se tocaba cada vez que entraba algún espía en los salones del Hotel Park.

La guerra no se detiene, y Stalingrado es un mazazo de muerte para Hitler, y un aviso para Washington y Londres. Según cuenta Philby en sus memorias, en 1944 los servicios secretos británicos, el MI5 y el MI6, empezaban a prepararse ya para el enfrentamiento con la Unión Soviética. Él mismo propuso la creación de la *Sección IX* para desarrollar trabajo de contrainteligencia y le encargaron su dirección: así, Philby pudo informar a Moscú de las operaciones anticomunistas que la *Sección* del MI6 organizaba. Philby ya no era Söhnchen: era el agente Stanley. Y de nuevo acecha el peligro: el diplomático soviético Konstantin Vólkov deserta en 1945, en Estambul, y promete que revelará la identidad de centenares de espías soviéticos a cambio de dinero y de asilo político, pero exige una respuesta en veinte días. El MI6 decide enviar un emisario a la ciudad turca para intervenir y, en los preparativos de la operación, Philby fuerza con habilidad que le encarguen la misión: teme que Vólkov revele datos que descubran su actividad y, tras informar del asunto a Moscú, retrasa deliberadamente su llegada a Estambul para dar tiempo al NKVD a detener a Vólkov e impedir que Londres se apodere de la información que ofrece el traidor. Con increíble competencia y habilidad, en el filo de la navaja, Philby desmontaba las operaciones de la *Sección* que él mismo dirigía. Cuando la Segunda Guerra Mundial termina, Philby ha conseguido la orden del Imperio británico, que se añade a la medalla que le otorgó la España franquista y, en secreto, la orden de la Bandera Roja soviética que le concede Moscú.

27

Su amistad con James Angleton (que dirigía en Roma la OSS, Office of Strategic Service, antecedente de la CIA) le permitió recibir en 1946, durante una visita a Roma, su confidencia de que la OSS había logrado introducir micrófonos en las oficinas de Palmiro Togliatti que grababan las conversaciones del dirigente comunista. Philby comunicó el hecho a Moscú que, con toda probabilidad, advertiría a Togliatti. De hecho, Angleton desempeñó un importante papel en la manipulación de las elecciones italianas de 1948 para arrebatar la victoria al Partido Comunista Italiano, y tras la fuga de Philby a Moscú en 1963, cuando Angleton ya desempeñaba sus funciones en Langley, creyó que la CIA estaba llena de espías soviéticos y que Moscú controlaba a Olof Palme y Willy Brandt; llegó a sospechar de Henry Kissinger. Lo expulsaron de la CIA en 1974: fue forzado a renunciar. Angleton, un rabioso anticomunista, había tenido lazos con la mafia italiana, perseguido a los comunistas, organizado grupos terroristas, preparado atentados sangrientos.

En 1947, Philby va a a trabajar a Estambul. La misión del MI6 en Turquía (en colaboración con la CIA, creada ese mismo año) era vigilar los grupos de espionaje de otros países, sobre todo de la Unión Soviética y, principalmente, infiltrar agentes en Ucrania y en el Cáucaso soviético para crear núcleos de oposición y estimular protestas y revueltas contra el gobierno de Moscú. La CIA había iniciado ya lo que denominaría la "guerra secreta" contra la Unión Soviética. Dos años después, le proponen a Philby trabajar en Estados Unidos, en contacto con el FBI y la CIA. Acepta, se embarca en el transatlántico RMS Caronia y llega a Nueva York el 7 de octubre de 1949, instalándose en Washington, donde es recibido calurosamente por los responsables de la CIA y el FBI. Siempre perspicaz y preciso, Philby juzga a jefes del espionaje norteamericano con dureza: a Allen Dulles, entonces subdirector de la agencia, que llegaría a ser responsable de la CIA, lo considera un incompetente.

A inicios de los años cincuenta, la *caza de brujas* del senador

28

McCarthy y la guerra de Corea hacían irrespirable el ambiente en Estados Unidos, y el miedo atenazaba a la izquierda: la policía persigue con saña al Partido Comunista estadounidense. Los servicios secretos británicos empiezan entonces a sospechar del diplomático Burgess, aunque su alcoholismo y peculiar forma de vida lo protegían: muchos lo consideraban un excéntrico, incapaz de formar parte del espionaje soviético. También recaen sospechas sobre Maclean, que precipitan planes para su detención. Ante el inminente peligro, la red soviética prepara un plan de evasión: el 25 de mayo de 1951, Maclean y Burgess viajan en secreto a Southampton, toman un barco hacia Saint-Malo, desde allí llegan a Rennes, después van en tren a París, y finalmente a Berna. En Suiza, la embajada soviética les facilita pasaportes falsos y suben a un avión con destino a Estocolmo, aunque ellos descienden en la escala de Praga. Están a salvo, Checoslovaquia es ya el mundo socialista. Unos días después de la fuga, convocan a Philby a Londres para discutir la evasión de Maclean y Burgess: el 11 de junio abandona Estados Unidos, adonde nunca volvería, para responder a las preguntas del MI6. Ellos tres, Philby, Maclean y Burgess, junto a Anthony Blunt y John Cairncross, eran los *cinco de Cambridge*.

El espionaje británico no tiene pruebas contra Philby, pero le vigilan, e incluso el primer ministro Churchill ordena que le interroguen. Después, llegan sospechas firmes contra él: Donald Maclean y Guy Burgess han huido, se sabe ya que a la Unión Soviética, y Philby es interrogado en Londres. Lo despiden: hasta la CIA prohíbe que vuelva a Estados Unidos. Su vida en Londres se quiebra cuando tiene que aceptar la salida del MI6, aunque las pruebas en su contra eran débiles. Pero el MI5 no suelta el hueso: Milmo, un abogado que había participado en los juicios de Núremberg, lo interroga durante horas con dureza, y después lo hace un viejo sabueso, William Skardon, con quien tiene que hablar durante semanas y que no halla pruebas, aunque el MI5 llena más de treinta volúmenes con la trans-

29

cripción de sus conversaciones telefónicas intervenidas. A inicios de 1952, sin trabajo, Philby no sabe qué puede hacer con su vida. Ha pasado, en apenas seis meses, de estar destinado en Estados Unidos con una importante responsabilidad a verse en la calle. Consigue un empleo mal pagado en una empresa que importa naranjas de España, pero la compañía quiebra y se ve obligado a depender de sus amigos y del dinero que le envía su padre desde Arabia.

En mayo de 1952, Philby va a Madrid durante varias semanas. Cuando regresa no sabe que nunca volverá a España. En Londres, los servicios secretos británicos lo espían y siguen a todas partes, controlan todos sus movimientos: hasta el punto de que durante cuatro años le es imposible entrar en contacto con los soviéticos. Tiene serios problemas económicos, pero el KGB conoce su situación y consigue hacerle llegar a través de Anthony Blunt cinco mil libras en junio de 1954, una cantidad muy respetable. Ha podido resistir cuatro años desde los interrogatorios de 1951, sin que puedan demostrarle nada. Pero Philby está ya al final de la escapada.

El 23 de octubre de 1955, el *Sunday News* neoyorquino publica que Philby es el "tercer hombre", tras Maclean y Burgess. La noticia ha sido facilitada por el director del FBI, el siniestro J. Edgar Hoover. Dos días después, Philby mira el diario *Evening Standard* que lleva un pasajero que se sienta a su lado en el metro londinense y ve su nombre escrito. El periódico le identifica también como "el tercer hombre", tras la desaparición de Guy Burgess y Donald Maclean. Le han descubierto, aunque no tengan pruebas, y su casa en Crowborough se llena de periodistas. El ministro de Asuntos Exteriores, MacMillan, que dos años después será primer ministro, asegura en la Cámara de los Comunes que Philby no es un espía, en medio de un tenso ambiente parlamentario, y al día siguiente él declara que todo es falso, con un impresionante aplomo ante la prensa que ha convocado en casa de su madre. Incluso sus detractores tienen que retroceder, como el severo coronel Marcus Lipton, diputado laborista. El contacto soviético celebra su declaración y su seguridad. Parece que Philby se ha salvado, aunque obligado por su mala situación económica vive en Irlanda durante varios meses para escribir un libro sobre la historia de una imprenta, y vuelve a Londres en abril de 1956, cuando Jruschev visita Gran Bretaña.

Philby ha conseguido salir airoso, y tras tantos años de seguimiento estricto sus vigilantes constatan que no ha podido tener contacto con los soviéticos. Así, su amigo Elliott, que siempre lo había defendido, consigue su reingreso en el MI6, hasta el punto de que en agosto lo envían como corresponsal de *The Economist* y *The Observer* a Beirut como tapadera para seguir actuando para el servicio secreto, en el momento de la crisis de Suez. Pasa unos años tranquilo en Beirut, se enreda con la esposa del corresponsal del *New York Times* en la ciudad. Beirut es un nido de espías, y los tentáculos británicos y norteamericanos llegan muy lejos, hasta el punto de que controlan incluso los números de serie de los billetes que los bancos entregan a los diplomáticos soviéticos, obviamente con la complicidad de las entidades.

Su segunda mujer, Aileen Furse, había muerto a finales de 1957, y Philby vuelve a casarse por tercera vez, ahora con su amante de Beirut, Eleanor Kerns, en enero de 1959. Vive tranquilo, feliz, cocina de vez en cuando, lee poesía alemana a su esposa. Cuando su amigo Elliott se hace cargo de la estación del MI6 en Beirut, Philby aumenta su actividad. Viaja a Siria, Jordania, Iraq, Egipto, Yemen, Arabia, conoce la identidad de los políticos de la región que son sobornados por los servicios secretos británicos; mientras los hombres de la CIA trabajan para consolidar a la familia Saúd en Arabia, para derrocar al gobierno sirio, para comprar incluso al presidente libanés y pagar los servicios de anticomunistas en toda la región. Pero en 1961, el descubrimiento y condena de George Blake lo conmueve: ha sido condenado a cuarenta y dos años de prisión por espionaje a favor de la Unión Soviética. En esos años, Philby bebe más de la cuenta.

En octubre de 1962, Elliott había dejado Beirut para volver a Londres, ascendido en la jerarquía del MI6. Es el momento de la *crisis de los misiles* o del Caribe, y de la detención de Oleg Penkovski, un coronel del GRU soviético que espiaba para el MI6 y la CIA y que había revelado al espionaje estadounidense la instalación de los misiles soviéticos en Cuba. La situación es muy tensa, y los sabuesos del MI5 vuelven a acosar a Philby gracias a las informaciones de aquella amiga de juventud, Flora Solomon, que le había presentado a quien sería su segunda esposa. Solomon declara que Philby había intentado captarla en 1937, y su testimonio renueva las sospechas sobre él. El asunto llega incluso al primer ministro Macmillan: es un asunto grave, y los servicios secretos británicos barajan también la opción de matar a Philby, pero optan por ofrecerle un trato: inmunidad a cambio de una confesión completa y de la revelación de los espías soviéticos que conoce. Encargan a Elliott la misión de hablar con él, y llega a Beirut el 10 de enero de 1963.

Dos días después, su íntimo amigo del MI6, Nicholas Elliott, le abre la puerta de una casa de Beirut donde Peter Lunn, jefe de la estación del MI6, ha citado a Philby. Ligan una extraña y tensa conversación de viejos amigos y camaradas de francachelas. Elliott había pasado por Eton y por el *Trinity College* de Cambridge y se incorporó al espionaje en busca de emociones; desde entonces son íntimos amigos, habían hecho juntos guardias nocturnas en el centro del MI6 y fiestas llenas de risas y alcohol, compartido muchas cenas y fines de semana, y Elliott había defendido con pasión a Philby ante los responsables del espionaje británico cuando lo interrogaron en Londres. Pero ahora están en dos trincheras enfrentadas. Elliott le dice que saben que trabaja para la Unión Soviética. Hablan durante horas. Philby, según las palabras de Elliott, "se derrumba" entonces, y tras cuatro días de conversaciones, el espionaje británico le ofrece el pacto de que revele todo lo que hizo, todo lo que contó a Moscú, a cambio de inmunidad. Philby duda. Cuando abandona la casa, tras

32

varios días de conversaciones, acude a una cita con su contacto del KGB que le transmite la opinión de Moscú: debe abandonar rápidamente Beirut. El 23 de enero, sin decir nada a su mujer Eleanor, embarca en secreto en el carguero soviético *Dolmátova* y llega a través del Bósforo a Odessa. Ya está en la Unión Soviética. Dos meses después, obtiene la ciudadanía y aparece en la portada de *Izvestia*. Ese verano, muere Burgess en Moscú. Se ha terminado para siempre una etapa de su vida. Por su parte, Elliott acabaría asesorando a Margaret Thatcher.

Donald MacLean y Guy Burgess ya habían huído a la URSS en 1951. Anthony Blunt siguió en Inglaterra, hasta que Margaret Thatcher lo denunció en la Cámara de los Comunes, aunque permaneció allí. Philby vive en Moscú, adonde viaja su mujer Eleanor en septiembre de 1963. Después, se separa de ella, y en 1970 se casa con Rufina Ivanovna Pujova, una soviética de origen polaco. Philby murió en 1988 en Moscú, y fue enterrado en el cementerio de Kuntsevo, junto a Malenkov y Morris Cohen: como él mismo dijo, la Unión Soviética era su verdadera patria, y el estado soviético le honró con la Orden de Lenin. En sus memorias, Philby escribió que tenía confianza en que "los principios de la revolución sobrevivirían a las aberraciones de los individuos".

★ ★ ★

En aquellos años en que los agentes secretos británicos todavía llevaban sombrero de fieltro y gabardina, el padre de Philby acabó facilitando la entrada norteamericana en el petróleo de Arabia y sellando una alianza política que llega hasta nuestros días. Las vueltas de la vida. Cuando Philby entró en Barcelona con las tropas fascistas de Franco no podía imaginar que al año siguiente ingresaría en el servicio de inteligencia británico, ni que acabaría viviendo en Moscú. Tampoco, que algunos de sus camaradas tendrían un futuro

33

arduo, y algunos, escaso. En 1942, desaparece Arnold Deutsch, el comunista que le había enseñado las cautelas del espionaje. Algunas fuentes creen que fue asesinado por los nazis; otras, como el propio Philby, que se ahogó cuando su barco (que, casualidades de la historia, se llamaba *Donbass)* se dirigía a Nueva York y fue hundido por un submarino: nunca pudo iniciar en América la misión que le había encomendado Moscú. Alexander Orlov, un antiguo responsable de Philby, desertó en 1938 y huyó a Estados Unidos: allí, colaboró con la CIA y escribió por dinero sus libros de denuncia. Vivió así más de treinta años, pero el final de su vida, ingresado en un hospital, le sorprendió leyendo *Por quién doblan las campanas*, la novela de Hemingway que recoge la lucha antifascista. Seguro que Orlov pensaba en los viejos tiempos de la guerra civil española.

Walter Krivitski murió en un hotelucho de Washington en 1941. El FBI descartó que fuera asesinado. Había desertado en 1938, tras el asesinato de Ignace Reiss en septiembre de 1937 y la ejecución de Theodore Maly. Publicó después artículos denunciando a Stalin y la política soviética, y el 5 de noviembre de 1938 sube al Normandie con rumbo a Nueva York. Allí, se vio con el Comité Dies (el comité de McCarthy), escribió más artículos y un libro, *In Stalin's Secret Service,* y colaboró con los servicios secretos norteamericanos y británicos para descubrir a los agentes soviéticos. Viajó a Londres en 1940 para entrevistarse con el MI6 británico, y delató a más de cien personas. Pero no pudo resistir el remordimiento. El 10 de febrero de 1941, lo encuentran en su cama del hotel, ensangrentado; con tres notas manuscritas en la mesa, en inglés, ruso y alemán. Había comprado horas antes una pistola del calibre 38, y poco después se suicidó en el hotel. El día anterior, el matrimonio Dobert, amigos suyos que habían huido del nazismo a Estados Unidos, se encontraron con él, y lo vieron nostálgico: añoraba los viejos tiempos, explicaba historias de la guerra civil española, hablaba de la República de Azaña y de Negrín, cantaba en ruso canciones del Ejército Rojo.

34

"Hablas de mí como si hubiera muerto", escribió Harold Pinter en *Viejos tiempos*. Viviendo ya en Moscú, algo parecido debió pensar Philby cuando comprobó que su amigo Elliott no le contestaba tras haberle propuesto reunirse en Helsinki o en Berlín. Tal vez Philby solo quería hablar de eso, de los días de Beirut, de las risas y el fulgor de la vida entre las copas de whisky en la casa londinense de Harris, del bullicio de una noche que no terminaría nunca, de los viejos tiempos en que sonreía cuando brotaban en el Hotel Park de Estambul unas notas de piano, *Boo, Boo, Baby, I'm a Spy*.

Luces de Bagdad

El fotógrafo iraquí Latif Al-Ani pasó años de su vida buscando las luces de Bagdad, los signos del nuevo Iraq que había surgido del reparto colonial del viejo imperio otomano tras la *Gran Guerra* y que buscaba su desarrollo con la república de 1958. Había nacido en Kerbala, en 1932, y murió en Bagdad, en noviembre de 2021, con ochenta y nueve años. Vivió el nacimiento del moderno Iraq y, al final de su vida, la degollina que desató Estados Unidos en su país. Hace más de medio siglo, Latif Al-Ani era un afamado fotógrafo de Bagdad y su nombre era conocido en Europa. Después, fue olvidado. En su vejez, todavía tuvo que padecer otra desgracia mayor que el olvido: en abril de 2003, Estados Unidos invadió Iraq, justificando la guerra con mentiras; bombardeó Bagdad, destruyó los archivos nacionales, la Biblioteca Nacional, el Museo Nacional; y el archivo del Ministerio de Cultura con las fotografías de Latif Al-Ani desapareció ese año en el caos desatado por la invasión y la guerra. *Ahl al-Naft*, la revista de la Iraq Petroleum Company donde participó, se ha perdido, como la publicación del ministerio de Cultura, *New Iraq*, que Al-Ani dirigió, en el desorden y los saqueos que permitieron las tropas estadounidenses. Latif hizo muchas fotografías a lo largo de su vida, pero la mayoría se extraviaron en la guerra; las que se conservan son imágenes de los años cincuenta y sesenta, sobre todo de Bagdad, pero también de otras regiones del país, como las que captó en los yacimientos arqueológicos de Babilonia y Ctesifonte.

Tres años antes de la ocupación estadounidense de Iraq que destruyó la memoria del país, llegaron al archivo beirutí de la Arab Image Foundation unas dos mil fotografías de Latif Al-Ani que el fotógrafo había clasificado antes. Como si a Al-Ani le persiguiera la desgracia, la terrible explosión de tres mil toneladas de nitrato de amonio que devastó el puerto de Beirut el 4 de agosto de 2020 estuvo a punto de volar también la Arab Image Foundation, donde se guardan tesoros de la fotografía y de la historia de Oriente Medio. Por fortuna, el archivo se salvó. Al-Ani cayó en el olvido, aunque en sus últimos años y gracias a sus propios archivos una parte de su obra pudo verse de nuevo: en la Bienal de Venecia en 2015; y en Sharjah, en los Emiratos Árabes Unidos, en 2018.

Como si hubiera unido su destino a la tierra, el mismo año del nacimiento de Al-Ani la Sociedad de Naciones reconoció a Iraq. No por ello alcanzó la libertad: Gran Bretaña había inventado el país y Londres siguió controlando la vieja Mesopotamia, aunque el nacimiento del panarabismo y, tras la Segunda Guerra Mundial, la aparición de corrientes socialistas moderadas como el *baazismo* y el *nasserismo* dotarían de un programa de acción y un proyecto de modernización al Iraq republicano que tuvo en Abdul Karim Qássim su más destacado dirigente. La monarquía impuesta por Churchill en la figura de Faisal, a quien sucedió su hijo Gazi y el último monarca, el nieto Faisal II, estuvo siempre bajo el control británico, aunque algunas fuentes creen que las inclinaciones arabistas de Gazi explican su sospechosa y temprana muerte cuando solo tenía veintisiete años. Faisal II y su tío Abd al-Ilah, que fue regente durante la mayor parte del reinado de su sobrino, fueron asesinados por un militar tras rendirse durante el golpe de Estado de Abdul Karim Qássim. La monarquía persiguió con crueldad al Partido Comunista iraquí:

el secretario general, Yusuf Salmán, el célebre *camarada Fahd*, fue encarcelado en la siniestra Abu Ghraib (la misma prisión que utilizaron los estadounidenses como centro de tortura y exterminio tras la invasión de 2003) y después ahorcado públicamente en la plaza bagdadí de Al-Karj en febrero de 1949. La represión llegó al extremo de que a los militantes comunistas les retiraban la nacionalidad: pasaban a ser apátridas. La república iraquí proclamada en julio de 1958 fue un giro trascendental: no solo acabó con la monarquía hachemita impuesta por los británicos, también inició el desarrollo de orientación socialista, que llevó incluso a la nacionalización de la industria petrolera en 1972, hasta entonces en manos de británicos, franceses y holandeses.

Al-Ani trabajaba en una pequeña imprenta de su familia; hacia 1947 aprende fotografía en el taller de un judío iraquí situado en la calle Al-Mutanabbi, al tiempo que ingresa en un grupo de teatro aficionado. Su primera cámara fue una Kodak compacta; después, trajina con una *Rolleiflex*, toma escenas en blanco y negro. En 1953, con poco más de veinte años, ingresa gracias a un amigo suyo en el departamento de fotografía de la Iraq Petroleum Company, IPC, que había sido creado dos años antes por el británico Jack Percival. La IPC se fundó en 1929, con sede en Londres: los ingleses se apoderaron durante décadas de la riqueza petrolera de Iraq hasta que en 1972, el Gobierno baazista de Ahmed Hasán al-Bakr (que se había acercado a Nasser, a la República Democrática Alemana y a la Unión Soviética, con quien firmó un Tratado de Amistad) nacionalizó la compañía. Al-Bakr nombró incluso dos ministros comunistas.

Percival le enseñó a Al-Ani a utilizar la cámara, a revelar los negativos, a seleccionar la imagen. En su nueva función, debía tomar escenas del desarollo iraquí para publicarlas en la revista mensual de la compañía, *Ahl al-Naft (Gente del Petróleo)*, acompañando a Percival en muchos de sus viajes por el país y por Oriente Medio. En 1954, Al-Ani hizo un reportaje fotográfico de Faisal II, que tenía en ese momento diecinueve años y hacía solo uno que había sido proclamado rey, aunque seguía tutelado por su tío Abd al-Ilah y por el primer ministro Nuri al-Said, un hombre de Londres. En esos años cincuenta se construye una parte de las infraestructuras del país, que se impulsarán aún más con la proclamación de la república en julio de 1958, y que fueron acompañadas de un ambicioso plan de educación que cambió por completo el precario y casi inexistente sistema educativo anterior. Con la revolución de julio, Al-Ani asume una función más importante: el control del rostro que el país enseñaría al mundo con las fotografías y los documentales. En 1960, trabaja ya en el Ministerio de Cultura y se encarga de todas las imágenes que publican las revistas oficiales, que se imprimen en árabe, kurdo y turkmeno, y también en inglés y francés. Así, Latif fotografía por encargo de la Iraq Petroleum Company las nuevas presas, puentes, instalaciones petroleras, aunque también captura imágenes del pasado de Mesopotamia. Trabaja tanto para la IPC como para el Ministerio de Planificación y para la agencia Iraqi News que había fundado Abdul Karim Qássim en 1959. El rápido desarrollo impulsa la construcción de pantanos para la agricultura, vías férreas, la electrificación, la apertura de hospitales y escuelas: Al-Ani quiere mostrar la modernización de Iraq. Latif documenta esa agitación desde la calle y también tomando imágenes desde aviones y helicópteros facilitados por el ejército o alquilados por la Iraq Petroleum. "Hice fotografías por todo Iraq, de norte a sur, imágenes de la artesanía popular, la vida cotidiana, la industria, la educación", contó él mismo en 2012, seguro de que "tenía el deber de mostrar Iraq". Buscaba la belleza de la imagen, las luces de Bagdad, y no se preocupaba por la política, según dijo él mismo, aunque el país estaba en ebullición.

En febrero de 1963, Abdul Karim Qássim es derrocado por los baazistas coaligados con grupos nacionalistas y con el ejército, que ejecutan al primer ministro e inician una feroz persecución contra el Partido Comunista iraquí que causará miles de muertos entre sus militantes. Los baazistas apenas saborean su victoria: nueve meses después, en noviembre de 1963, los nasseristas protagonizan otro golpe de Estado y los declaran ilegales. Ese año, Latif viaja a Estados Unidos, donde se presentó su trabajo en una exposición, *Faces and Facets of Iraq*, que recorrió Los Angeles, San Francisco y Washington. Al año siguiente, visita Jordania, Egipto, Líbano e Irán donde se exhiben sus fotografías de Estados Unidos. Latif Al-Ani viajó también a la República Democrática Alemana en 1965, invitado por el gobierno de Willi Stoph, y expuso sus fotografías en el Festival de Berlín. En medio de la frecuente inestabilidad política y de los enfrentamientos entre distintas expresiones del panarabismo, estaban construyendo el nuevo Iraq, aunque el destino reservado para el país por el imperialismo estadounidense sería cruel e implacable. Son los años en que el centro de Bagdad, las calles Al Rashid y Al-Mutanabbi concentraban la vida elegante y los cafés, como el Shahbandar, que todavía existe.

La vieja Bagdad se recogía en barrios tradicionales donde, pese a la incipiente modernización, la influencia de los predicadores islamistas imponía las costumbres e incluso la vestimenta entre chiítas, sunnitas y kurdos, y la vida se vertía en las callejuelas de casas otomanas de madera, en mercados de soportales, mezquitas como sortijas, trastiendas para el té y tenduchas dormidas junto al Tigris en una maraña urbana que se derramaba abrumada por la geografía de la tierra y el polvo, desde los aledaños de la Kadhimiya hasta el gran meandro del río en la isla de Um Al-Janzir. Pero la república de julio inaugura barrios modernos: la nueva Bagdad crecía con las edificaciones del arquitecto griego Constantinos Doxiadis, cuyo estudio trabajaba para muchos países de Oriente Medio y diseñó en esos años la nueva capital pakistaní, Islamabad, situada junto a Rawalpindi. En 1961 se construye la plaza Tahrir, con el Jardín Ummah y el monumento Nasb al-Hurriyah, un homenaje a la libertad

41

y la nueva república, con influencias de Picasso, que fue diseñado por Rifat Chadirji y Yawad Salim. Trabajando en medios oficiales, Latif estaba obligado a mostrar los nuevos logros del país, el rostro de un Iraq esperanzado que trabajaba intensamente en su desarrollo, obviando la difícil situación de los barrios y regiones más pobres que todavía no habían superado la postración de los años otomanos y de la colonia británica, aunque la república desarrolla planes de desarrollo de las ciudades e impulsa una reforma agraria para mejorar la vida de los campesinos.

Al-Ani quiere mostrar ese nuevo país que surge. De esos años, destacan sus fotografías de turistas ricos, los únicos que podían permitirse viajar por Oriente Medio en los años sesenta, como la pareja que en 1964 mira a un músico callejero ante las ruinas del Taq Kasra en la antigua Ctesifonte, y la mujer que en 1961 posa con su traje de chaqueta blanco ante la muralla de Babilonia, en un reportaje de Babel Films, una compañía británica que organizaba el turismo de personas adineradas a Oriente Medio. Pero el Iraq moderno no olvida sus raíces, y Latif fotografía los restos de las culturas milenarias, sumeria, babilónica, los abásidas, que contrastan con otras imágenes donde surgen figuras de mujeres iraquíes ataviadas con *hiyabs* negros, o las escenas de festejos populares como la Eid al-Umma, la fiesta nacional iraquí en el Bagdad de 1961, donde retrata a unas niñas subidas a una carroza que transporta una gran flor, rodeadas por la muchedumbre festiva. También registra las calles que guardaban la historia de Iraq, como esas casas de Basora, con los balcones de madera del siglo XVI, *shanashil*, que fotografía en una fecha indeterminada; o capta un día plácido y soleado en la moderna plaza Tahrir, y las calles con soportales de Bagdad, en 1961. Prefirió capturar el Iraq moderno, aunque también surgía a veces la vida sencilla, las escenas cotidianas, como esas mujeres que compran en una tienda bagdadí en 1963, con ropas semejantes a las europeas de la época.

Al-Ani era un hombre singular que vivió en tiempos convulsos,

42

atravesando dos guerras, una con Irán y otra con Estados Unidos; después, la desolación y la penuria por las inhumanas sanciones impuestas al gobierno de Sadam Hussein, y finalmente otra guerra con Estados Unidos y la invasión del país en 2003. Sin embargo, no fotografió las consecuencias de la guerra y la posterior ocupación, como si hubiera perdido el interés por su país. De hecho, en 1977 dejó de fotografiar Iraq y se fue a vivir en Kuwait hasta 1982, y ya no documentaría los estragos de la guerra con el Irán de Jomeini, ni la devastación de los bombardeos estadounidenses y de la ocupación posterior. Por eso, sus fotografías muestran un país que no parece el suyo, si atendemos a las imágenes de destrucción con que se asocia Iraq en nuestros días.

El Iraq de Sadam Hussein, azuzado por Estados Unidos, desató la devastadora guerra con Irán entre 1980 y 1988, y cuando el país no se había recuperado aún de sus heridas llegó la hora de la agresión estadounidense, que se inicia con la guerra de 1991, sigue con las criminales sanciones que destruyeron a toda una generación de iraquíes, y finalmente con la invasión de 2003 que se prolongaría en una ocupación militar que duró casi dos décadas y finalizó en diciembre de 2021, aunque hoy siguen acantonadas tropas del Pentágono con la excusa de que adiestran al ejército iraquí.

En 2002, un año antes de la invasión, los funcionarios del Pentágono ya sabían que habría guerra en Iraq. Trabajaban en múltiples planes y contingencias, pero ningún organismo planificaba la protección del patrimonio cultural e histórico iraquí, pese a que responsables del Metropolitan Museum de Nueva York hicieron gestiones ante el Departamento de Estado y el Pentágono para conocer los programas de custodia y conservación que hubiesen elaborado: no había nada preparado. También el Archaeological Institute of America, AIA, hizo trámites, que fueron ignorados por los militares.

Tras el diluvio de bombas lanzadas sobre Bagdad, los archivos, edificios oficiales, la Biblioteca Nacional, el Museo de Iraq, la INLA

(Iraq National Library and Archive), Archivo de Iraq, todos fueron saqueados y robados. Saad Eskander, un académico kurdo iraquí, volvió a su ciudad, Bagdad, en 2003 para dirigir la Biblioteca Nacional, y escribió un diario (que iba publicando en la web de la British Library) en 2006 y 2007 donde describe el caos bajo la ocupación, los atentados de coches bomba, tiroteos, asesinatos en la calle, los empleados de la biblioteca que mueren, explosiones en la calle Al-Mutanabbi, sede de viejos cafés y librerías que tiene la estatua del poeta al pie del embarcadero del Tigris y junto al café Shahbandar. Los funcionarios iraquíes que estaban al frente de archivos y museos, pidieron ayuda a las tropas norteamericanas para evitar los saqueos, pero estas se negaron a protegerlos, y muchos militares estadounidenses participaron en el comercio sucio, el pillaje y el robo, que llegó al extremo de que en las bases establecidas por el ejército norteamericano en Iraq se organizaron mercados donde vendían piezas artísticas saqueadas. Más de medio millón de valiosas obras desaparecieron, lubricando el mercado negro, los intermediarios de Oriente Medio, para llegar después a marchantes corruptos y coleccionistas occidentales: frisos de Nínive llegaron a Gran Bretaña, y otras piezas fueron a parar a las instituciones y museos estadounidenses. Los ladrones y sus cómplices consiguieron, durante años, ganar decenas de millones de dólares.

El Museo Nacional de Arte Moderno de Bagdad fue saqueado y miles de obras de arte desaparecieron, ante la mirada de las tropas norteamericanas. Estados Unidos destruyó una parte de la memoria de Iraq y de Oriente Medio, arruinó restos arqueológicos, dejó que expoliaran archivos y robó documentación. También desaparecieron decenas de miles de libros, archivos de fotografías, mapas, y los soldados estadounidenses y polacos contribuyeron a destruir yacimientos arqueológicos: llegaron a entrar con carros de combate en las ruinas de Babilonia. El pavimento de Babilonia, de 2.600 años de antigüedad, fue destruido por el paso de los tanques estadounidenses, que instalaron allí una base militar. Arrasaron los ladrillos de la época de Nabucodonosor II, y la ignorancia de los militares llegó al delirio, llevando con ellos el desdén por una cultura milenaria, la incompetencia y el desinterés por el pasado de Mesopotamia. Hasta el British Museum criticó después la increíble desidia de las tropas norteamericanas: John Curtis, un responsable del departamento de Oriente Próximo del museo, viajó a Iraq a petición de los iraquíes para examinar qué había pasado en Babilonia.

Las tropas norteamericanas confiscaron más de cien millones de documentos de todas las épocas, y se llevaron a Washington el archivo y la importante documentación de los judíos iraquíes. Otro importante archivo del Partido Baaz Árabe Socialista fue robado y trasladado al Instituto Hoover de la Universidad de Stanford, cerca de San Francisco, en California. Otros importantes fondos llegaron al Pentágono y a la CIA. Las bombas no solo destruyeron las ciudades iraquíes: pretendían también matar la memoria, levantar de nuevo la historia de los pueblos de Oriente Medio, porque tras ellas se apresuraron los grandes medios de comunicación, las fundaciones, las universidades occidentales, que trabajan e investigan con el dinero sucio facilitado por los gobiernos que quieren escribir la historia a su medida.

Después, continuó la sistemática destrucción del país, las matanzas impunes, los bombardeos sobre la población civil, la comisión de crímenes de guerra, las torturas en la cárcel de Abu Ghraib; las violaciones, como la que documentó el Creciente Rojo iraquí en Tal Afar, donde el 16 de octubre de 2005 los soldados estadounidenses violaron a las mujeres en sus propias casas: cada mujer fue forzada por varios soldados, uno tras otro, en una secuencia de horror que llevó a la muerte al menos a una de las víctimas. Llegó la contaminación con uranio empobrecido, que denunció Scott Peterson, los asesinatos, las matanzas en las carreteras a la menor sospecha, las cacerías de seres humanos perpetradas por los mercenarios que el

45

Pentágono contrató para aterrorizar a los iraquíes. Por todo Iraq se sucedieron los crímenes: el 14 de octubre de 2004, Kasim Abdelsattar al-Yumaili, envió una carta al secretario general de la ONU, Kofi Annan, en nombre del sindicato de maestros y de otras asociaciones de Faluya, pidiendo el amparo de las Naciones Unidas: "En este momento, mientras le escribimos, las fuerzas estadounidenses están perpetrando esos crímenes en la ciudad de Faluya. Los aviones de guerra de Estados Unidos están lanzando las más potentes bombas contra la población civil de la ciudad, asesinando e hiriendo a centenares de personas inocentes. [...] Como usted sabe, no hay presencia militar en la ciudad." En su carta, Kasim Abdelsattar al-Yumaili explicaba la razón de la ferocidad del ejército estadounidense: "Simplemente, no dimos la bienvenida a las fuerzas de ocupación." Aquella democracia y libertad que habían llevado los estadounidenses a la vieja Mesopotamia estaba degollando a los iraquíes. Finalmente, en noviembre de 2004, Estados Unidos lanzó el asalto a Faluya; miles de iraquíes murieron bajo los bombardeos, pero para el mando estadounidense esas muertes estaban justificadas: poco antes de atacar la ciudad, el coronel Gary Brandl, que mandaba las fuerzas de *marines*, declaró a los periodistas: "El enemigo tiene rostro: el de Satanás. Está en Faluya y vamos a destruirlo."

El 1 de mayo de 2003, el presidente estadounidense George W. Bush se mostró exultante en la cubierta del portaaviones Abraham Lincoln, mientras se dirigía a los soldados en formación. A su espalda, una pancarta indicaba: "Mission accomplished. Misión cumplida". La fotografía dio la vuelta al mundo, pero era otra mentira más, porque la guerra y las matanzas continuaron: como la que, dos años después, el 20 de octubre de 2005, acabó con un niño de nueve años, Mohamad Jabir, asesinado por un francotirador estadounidense en la puerta de su casa, en Al-Qaim. La prensa internacional ni siquiera mostró las lágrimas desconsoladas de su padre.

Latif Al-Ani vio cómo se truncaba el desarrollo de su país y, al final de su vida, la plaga bíblica que Estados Unidos desató en Iraq. Pero entonces ya no hacía fotografías, aunque las tropas de ocupación estadounidenses utilizaron una suya: imprimieron un billete de veinticinco mil dinares con la imagen de una campesina que había retratado muchos años atrás. El negativo, como buena parte de su obra, desapareció también en la invasión de 2003. Las luces de Bagdad que quiso mostrar el joven Latif ya se habían apagado, y todo Iraq era un páramo de cementerios. La realidad de un país que se desarrollaba y trabajaba por el futuro que mostraban sus imágenes, se tornó la irrealidad de una Bagdad calcinada por las bombas, que veía la destrucción de sus esperanzas; que sentía la rabia ante la sanguijuela fría de la ocupación militar, de los cadáveres lanzados al Tigris, de los niños hambrientos derramando lágrimas entre carceleros. Si la turista norteamericana retratada por Al-Ani que posaba en 1964 ante las ruinas de Ctesifonte aventuraba la modernidad frente a la tradición del iraquí sentado a sus pies tocando un viejo instrumento musical, las huellas de los blindados estadounidenses y polacos en el yacimiento arqueológico de la vieja Babilonia señalaban el destino de un Iraq preso de los traficantes de la muerte, como el propio Latif pudo contemplar en su vejez en la melancolía de un Bagdad oscuro, sin luz, prisionero de los atentados terroristas y de los mercenarios estadounidenses.

Días de abril en el barrio chino

En abril de 1934, Margaret Michaelis recorrió durante cinco días el *barrio chino* barcelonés. Era el distrito V de la época. Por encargo del GATCPAC (Grupo de Arquitectos y Técnicos Catalanes para el Progreso de la Arquitectura Contemporánea, rama del GATEPAC español), fue a tomar imágenes para un foto-reportaje que debía ilustrar una exposición que se celebró tres meses después en el subterráneo circular del metro de plaza Cataluña, y cobró 451 pesetas por el trabajo. El GATCPAC estaba compuesto por arquitectos como Josep Lluís Sert, Josep Torres Clavé, Ricard Ribas, Ricardo de Churruca, Sixte Illescas, Joan Baptista Subirana y Germán Rodríguez Arias, y pretendía aplicar una concepción racionalista en la arquitectura, ligada al CIAM, Congreso Internacional de Arquitectura Moderna. El nacimiento del *Movimiento moderno* en arquitectura era todavía muy reciente, pero sus lazos con las ideas de la Bauhaus, su insistencia en la sencillez, en las formas simples y la utilización de materiales modernos, acero y hormigón armado, había calado en jóvenes arquitectos de todo el mundo. El GATCPAC, ligado al republicanismo y atento a las cuestiones sociales, interesado incluso por la arquitectura que creaba la revolución en la Unión Soviética, trabajó por la vivienda pública, aunque la derrota en la Guerra Civil acabó con sus proyectos. Pero, en ese 1934, todo era posible aún, y el grupo de arquitectos trabajaba en un proyecto para la reforma del *barrio chino* barcelonés, un conjunto de barrios obreros que concentraba también buena parte de la población más pobre y marginada, además de pícaros, delincuentes y prostitutas, y necesitaba documentación e imágenes de las calles y los edificios donde quería intervenir. Ahí apareció Margaret Michaelis.

Michaelis era una judía polaca, anarquista y fotógrafa, que desde hacía meses vivía en Barcelona. En realidad, se llamaba Margarethe Gross y había nacido en 1902 en Dzieditz, entonces Imperio Austrohúngaro, aunque la población pasaría a formar parte de la moderna Polonia tras la *Gran Guerra*. Sus padres, el médico Henryk Gross y su esposa, Fanny Robinshon, tenían tres hijos, Lotte, Margaret y Erich. Desde 1918 Michaelis estudió fotografía durante tres años en Viena en un instituto de diseño gráfico, y trabajó desde 1921 en el estudio *Atelier d'Ora*, que Dora Kallmus tenía abierto primero en Viena y luego en París, donde consiguió gran reputación. Después, Michaelis trabajó con la retratista Grete Kolliner, en cuyo estudio conoció al británico Bill Brandt. De esa época es su fotografía sin título de una mujer desnuda con el brazo levantado, tomada en Viena en 1924, una atrevida imagen para entonces. Desde 1928, Gross (Michaelis) trajina primero en el estudio berlinés de Alexander Binder (uno de los retratistas más famosos de la Alemania de la primera posguerra, que fotografió a estrellas como Greta Garbo y Marcella Albani o a una joven Leni Riefenstahl con los ojos cerrados) y más tarde en Praga en el estudio de la malograda Olga Freundová (una fotógrafa que fue deportada y murió en Auschwitz en 1943), hasta que se instala de nuevo en la capital alemana y trabaja en el taller de Karl Schenker, otro judío del este austrohúngaro que huiría del nazismo como ella. Es una notable coincidencia que en esos años de aprendizaje y después de trabajo profesional, Gross (Michaelis) recalase en estudios de diferentes ciudades que siempre eran de fotógrafos judíos: Kallmus, Kolliner, Binder, Freundová, Schenker.

50

En 1930, Margarethe Gross conoce al anarcosindicalista sajón Rudolf Michaelis, un arqueólogo que había excavado en la milenaria Uruk mesopotámica y con quien se casa tres años después: desde entonces adopta el nombre de Margaret Michaelis. Abre entonces su estudio berlinés Foto-Gross en su propia casa. De esa época son sus fotografías del barrio judío de Cracovia, como la del mercado de ropa vieja amontonada en la calle, que se conservan hoy en la National Gallery of Australia. La llegada de Hitler al poder en enero de 1933, la victoria de los nazis en las elecciones de marzo y en las de noviembre de ese mismo año, ya con la *Ley Habilitante* y con todos los partidos prohibidos, los dirigentes comunistas detenidos y también muchos socialistas, llevan al matrimonio Michaelis a abandonar Alemania.

Se exilian en España, y son acogidos en Barcelona en 1933 por el escritor Helmut Rüdiger, también sajón y anarcosindicalista como Rudolf Michaelis, que había llegado el año anterior y que colaboraba con la AIT, Asociación Internacional del Trabajo. Además, la ciudad catalana tenía una fuerte organización libertaria y Rudolf mantenía amistad con Durruti y Ascaso, a quienes había conocido en Berlín. El matrimonio se instala en una vivienda de la calle Rosellón, 36, en un edificio racionalista diseñado por Josep Lluís Sert en 1929, y Margaret Michaelis crea un estudio que lleva su nombre, iniciando entonces su relación con el GATCPAC, que tenía su sede en el Paseo de Gràcia. Pocos meses después el matrimonio se separa, aunque no se divorciarán hasta 1937.

La nueva vida de Margaret Michaelis en Barcelona transcurre en su apartamento del 218 de República Argentina, en su estudio, que se denominará ahora Foto-Elis, y con sus relaciones anarcosindicalistas, mientras publica fotografías en revistas catalanas como *Crònica*, *Armas y letras*, y *D'ací i d'allà*, y realiza también fotografía publicitaria. En abril y mayo de 1934, Michaelis viaja con Sert y Torres Clavé a la Unión Soviética, pasando por París, Berlín y Varsovia,

51

visitando allí Leningrado y Moscú. El objetivo del viaje era ver y documentar la nueva arquitectura soviética y la función reservada a Michaelis era la de fotografiar los nuevos edificios creados por la revolución. La revista *AC* publicará en 1935 un reportaje con imágenes del urbanismo y la arquitectura en la URSS, donde aparece la fotografía de Michaelis del edificio de la casa-comuna Narcomfin de Moscú, construida para los trabajadores del ministerio de Finanzas soviético.

En septiembre de ese convulso 1934, Michaelis hace también un reportaje con una cámara de placas sobre el edificio Astoria de la calle París, que había construido Germán Rodríguez Arias, del GAT-CPAC. El bloque racionalista de viviendas tomaba su nombre de un cinematógrafo abierto en la planta baja que, como si fuera una broma dirigida a Michaelis, se inauguró ese mismo mes con la película *La alegre divorciada*, de Mark Rex Goldstein (Mark Sandrich), con Fred Astaire y Ginger Rogers. El reportaje que firma Michaelis aparecerá publicado en la revista del grupo de arquitectos racionalistas.

Unos días después, la entrada de la CEDA en el nuevo Gobierno Lerroux el 4 de octubre, tras la caída de Samper, crea una situación opresiva alimentada por la previa toma del poder de los nazis en Alemania que lleva a socialistas y comunistas a convocar una huelga general en toda España que no secundan los anarquistas de la CNT. Companys, que opta por no reconocer al nuevo gabinete de Lerroux, invita a los convocantes de la protesta a establecer un gobierno provisional de la república en Barcelona. El 6 de octubre, que termina con la proclamación por Companys del "Estado catalán dentro de la República federal española", provoca la declaración del estado de guerra, y el presidente de la Generalitat capitula unas pocas horas después de haber encabezado la revuelta. Pese a la tensión política y la creciente amenaza fascista, Michaelis permanece en España.

En enero de 1935, hace un reportaje de una escuela de Palau-solità i Plegamans que habían diseñado Josep Lluís Sert y Torres Clavé dentro del programa de escolarización republicano, y en el verano elabora otro reportaje sobre la *Villa Eugenia* que había construido Ricard Ribas en un apacible espacio detrás del palacio de Pedralbes de Barcelona. El mismo año, como había hecho Cartier-Bresson en 1933, Michaelis recorre Andalucía con Pilar Juncosa y Joan Miró, Ramona Longás y Josep Lluís Sert, y Mercé Torres y Josep Torres Clavé, donde toma imágenes de la vida popular, como la casa blanca de adobes junto a unas grandes chumberas que captura en Almería, o la casa cordobesa donde dos mujeres se afanan trabajando en los fogones. En 1936 brega con un encargo de la Junta de Museos y la Generalitat en el Pueblo Español de Monjuïc.

Ese largo verano de 1936 es una línea divisoria para Michaelis: deja de colaborar con el GATCPAC, y se inicia la guerra civil española. La sublevación fascista y el estallido de la guerra llevan a Michaelis, como a decenas de fotógrafos, a trabajar con el Comissariat de Propaganda de la Generalitat, para quien realiza reportajes sobre la vida en la retaguardia barcelonesa, y se convierte también en fotógrafa de guerra mientras colabora con la sección de propaganda de la CNT y la FAI, documentando las industrias colectivizadas y la vida en la retaguardia. De esos días es su imagen de la joven miliciana que reparte brazaletes de la FAI en Barcelona. Su marido, Rudolf Michaelis, se incorpora a la *columna* Durruti y tras la muerte del dirigente anarquista, Margaret fotografía las escenas de su despedida, en noviembre de 1936, en la Vía Layetana de Barcelona, de las que se conservan algunas. En Barcelona se había fundado años atrás la Deutsche Anarcho-Syndicalisten para agrupar a los exiliados alemanes y para controlar a los nazis que vivían en la ciudad, grupo que más tarde se unió a la FAI y que organizó la centuria Erich Mühsam en la Columna Ascaso al inicio de la guerra. Durante los primeros meses de la rebelión fascista, una de las tareas del grupo de anarcosindicalistas alemanes fue la localización y ocupación de la red de decenas de viviendas que los nazis tenían en Barcelona.

53

Margaret Michaelis trabaja para la Sección Gráfica de la CNT, como Pérez de Rozas, aunque la llegada de Kati Horna a principios de 1937 la desplazó de su relevante función entre los anarcosindicalistas catalanes. La llegada de la dirigente anarquista Emma Goldman a España le permite viajar con ella a diferentes frentes de la guerra, por Aragón y Valencia, durante el mes de octubre. Entonces toma en Valencia la imagen de las dos milicianas que charlan con otro voluntario antifascista. Asiste también a Arthur Lehning, un relevante anarquista holandés que había participado con Posthumus en la fundación del Instituto Internacional de Historia Social, IIHS, en Ámsterdam, en 1935. Lehning, que pasó un mes en Barcelona y acompañó a Goldman, era amigo de Rudolf Michaelis, y se conmovió ante la lucha antifascista del pueblo español, aunque sus diarios e impresiones sobre España no fueron publicados hasta sesenta años después, en 1996.

Todo ha cambiado para ella: a inicios de 1937, ya divorciada de Rudolf, Michaelis se marcha a Marsella, y al año siguiente a Viena. Después, viaja a Polonia para ver a sus padres. Consigue el pasaporte alemán, y en diciembre de 1938 un visado británico que le permite llegar a Londres, donde pasa meses limpiando casas y colaborando en campañas solidarias, hasta que en agosto de 1939 llega a Australia tras un largo viaje en el Esperance Bay, cargando con las viejas cartas de amor de Rudolf, de las que nunca se separó, como si guardase en ellas los días alborotados de amantes en Berlín, y que hoy se encuentran en la National Gallery australiana.

Sus fotografías estaban entre las cajas de Ámsterdam, los cuarenta y ocho embalajes que la CNT envió fuera de España, antes de la caída de Barcelona en enero de 1939, desde su sede de la Via Layetana, en la antigua ubicación del Fomento, la patronal catalana. Tras un complicado periplo europeo que atravesó la Segunda Guerra Mundial, las cajas llegaron a Ámsterdam en 1947. Quedaron depositadas en el Instituto Internacional de Historia Social, IIHS, pero no se abrieron hasta después de la muerte de Franco. Todavía tuvieron que esperar muchos años para que se catalogaran. Si bien eran conocidas las imágenes guardadas en el Arxiu Fotogràfic de Barcelona y en el Arxiu Nacional de Catalunya, y las de la National Gallery of Australia, en los últimos años el trabajo de Almudena Rubio en el IIHS ha sido fundamental para descubrir centenares de negativos de Michaelis.

La Segunda Guerra Mundial será devastadora para ella: los orígenes judíos de su familia bastaron a los nazis para condenar a todos sus miembros, que desaparecieron en los campos de exterminio. Cuando llegó la paz, desde Australia, siguió manteniendo relación con Rudolf, y dos décadas después, en 1967, viajó a la República Democrática Alemana para reunirse con él en Berlín: su antiguo marido y camarada había sufrido durante la guerra de Hitler cinco años en las cárceles franquistas, y tras vivir en Madrid dos años más de libertad vigilada regresó en la posguerra a Alemania, donde ingresó en el partido comunista, SED o Partido Socialista Unificado de Alemania, llegando a ser director de los museos del Estado.

Establecida en Sydney, Michaelis abrió un estudio, volviendo a los temas de sus inicios. Entonces, una mujer fotógrafa era una rareza en Australia y durante más de una década se dedicó a la fotografía de danza y al retrato, persiguiendo la psicología del sujeto, como en el que le hizo al obispo anglicano de la ciudad, Charles Venn Pilcher, un defensor del sionismo, que muestra a una persona que quiere parecer bondadosa y se revela falsa; o en la imagen de la poeta y bailarina Coralie Hinkley. A diferencia de la fotografía callejera, con su inevitable carga de improvisación, siempre con la cámara a punto, en esa etapa australiana Michaelis se encierra en el estudio. Así fotografió a la escritora Cynthia Reed, esposa del pintor Sidney Nolan; al escultor Lyndon Dadswell y al pintor Weaver Hawkins, personas relevantes de la cultura australiana.

Michaelis vivió allí el resto de su vida, trabajando en un estudio

55

que llevaba su nombre, hasta que decidió cerrarlo en 1952. En su autorretrato apoyada en un banco, de 1940, en Sydney, aparece pensativa, mirando a la lejanía. En 1948 se fotografía de nuevo en una peculiar imagen donde aparece de espalda, componiendo una figura de Friedrich, mirando el río Parramatta en Sydney, como si estuviera contemplando su vida lejos de Europa, resignada, encerrada en la brisa de la bahía. Volvió a casarse en 1960, con Albert George Sachs, un austríaco trasterrado, pero enviudó en pocos años. Aún trabajó en *Hauser&Menuhin*, y pudo hacer el largo viaje por Europa, Oriente Medio, India y América en 1967 y 1968, cuando volvió a ver a Rudolf Michaelis. Murió en 1985, y sus archivos, placas y fotografías se guardan en la National Gallery australiana.

* * *

El GATCPAC pretendía impulsar el racionalismo arquitectónico y sanear el *barrio chino*; el grupo tenía conciencia higienista y quería que Michaelis fotografiase las calles, los interiores de las pobres viviendas, la abigarrada densidad del distrito, para la exposición sobre *La nova Barcelona* (plan Macià) que pretendía impulsar. En esa muestra se presentaron sus fotografías y algunas otras de miembros del GATCPAC y del arquitecto griego Isaac Saporta. Dos años antes, en 1932, Saporta había visitado Barcelona y fotografiado también el *barrio chino*: era un joven de 22 años que envió sus imágenes al GATCPAC, que las publicó en la revista *A. C. Documentos de Actividad Contemporánea*, del GATEPAC. Mostraba que el *barrio chino* tenía una insoportable densidad media de 1.023 habitantes por hectárea, que en algunas zonas llegaba a más de 1.600 habitantes.

El encargo que el GATCPAC hace a Michaelis es muy concreto: debe fotografiar las condiciones de vida y los edificios degradados, a ser posible con los míseros interiores. Michaelis visitó la denominada zona A (corazón del *barrio chino*: San Rafael, Cadena, Robador, pasaje Martorell; condición que perdurará hasta nuestros días) y la zona B (barrio portuario junto a las antiguas Drassanes góticas: Arc del Teatre, Om, Cid, Marqués del Duero, Conde del Asalto, San Olegario, Tapias). Pocos años antes, en la esquina de San Rafael y Cadena, donde hoy siguen merodeando las prostitutas condenadas, los pistoleros de la patronal catalana habían asesinado al dirigente anarquista Salvador Seguí, el *Noi del Sucre*, principal dirigente de la CNT, y habían dejado moribundo a Francisco Comes, que murió después a consecuencia de las heridas.

Michaelis recorre Arc del Teatre con el mercado callejero, Om, Sant Bertran. El tercer día, la acompañan Josep Lluís Sert y Antoni Bonet. En esa trama urbana, el GATCPAC quería realizar una ambiciosa reforma a la que seguirían otras en más barrios de la vieja Barcelona.

En los cinco días de su recorrido por el *barrio chino*, Michaelis hizo un total de 148 fotografías. Captura la pared medianera de uno de los edificios donde campea una gran pintura mural: allí se encontraba La Criolla, el principal cabaret de la Barcelona narrada por Sagarra, Domènec de Bellmunt, Josep Maria Planas, Francisco Madrid, Paco Villar, adonde iban los burgueses a sentir la emoción de la vida, a observar el vientre canalla de la ciudad que vivía junto al proletariado, a acostar su ansiedad con el estruendo de los amores apresurados. La criolla, en el 10 de la calle Cid, era la vida, los travestidos, las prostitutas, los carteristas y las mecheras, el lugar donde se había prostituido Genet y los burgueses iban a buscar cocaína y catre para sus cópulas mercenarias, y acabó bajo las bombas de la aviación fascista italiana. Michaelis con su Leica, y Sert con una Rolleiflex, toman el mismo motivo del cabaret.

Michaelis fotografía también la posada La Única, un lupanar con habitaciones a 1 y 2 pesetas anunciadas en el cartel que cuelga de la pared negruzca. Uno de los días, entra en una taberna de Robador, Cal Peret, y retrata a una pareja que charla mientras un carterista to-

57

cado con gorra y cigarro en la comisura de los labios intenta robarle el bolso a la mujer; y al obrero que reparte con su triciclo, que pasa bajo el rótulo de "confort moderno" de la calle de las Tapias; al carro tirado por un caballo que pasa ante las mínimas paradas de plátanos y verduras expuestas en la estrecha acera; a los niños sonrientes y bulliciosos de la calle Om, a la modista que trabaja en una mercería donde cogen puntos a las medias. Toma otras instantáneas que no se guardan en el Arxiu Fotogràfic de Barcelona sino en la National Gallery of Australia, como la del patio con ropa tendida entre las paredes medianeras llenas de humedad, o la del grupo de niños pobres parados en una esquina que miran hacia arriba, a un lugar indeterminado.

Armada con su Leica, Margaret Michaelis palpó en esos días de primavera de 1934 la vida de los barrios proletarios de la vieja Barcelona, viveros de revolucionarios, fijando personajes, niños, en los adoquines y en oscuras escaleras, con planos picados, capturando la suciedad de las calles, los pobres patios de luces, a veces con letrinas comunitarias, las cañerías de aguas residuales rotas y rebosantes, la insalubridad, donde reinaba la tuberculosis y los niños sin escuelas, las prostitutas callejeras, los amores prohibidos y los latigazos de la droga. Junto a ello, vivían las familias trabajadoras que padecían salarios miserables y nutrían las organizaciones obreras, en calles llenas de vitalidad y de alegría que contrastaban con la pobreza. Pocos años después, durante la Guerra Civil, Emili Salut publicaría *Vivers de revolucionaris*, recordando el pasado de opresión y definiendo el barrio que soportaba desde hacía décadas el sucio Hospital de la Santa Creu y la siniestra cárcel de Reina Amalia (derribada en 1936 por los militantes de la CNT tras el fracaso del golpe fascista en Barcelona), pero que frecuentaba también el Café Español del Paralelo y el Ateneu Enciclopèdic Popular.

Fueron cinco días de abril en el *barrio chino*, cuando Margaret Michaelis no podía saber que pocos años después aquellas calles

58

quedarían aplastadas por la ferocidad fascista, por la beatería de un catolicismo falangista que exhibía su victoria; convertidas en vías asediadas por las noches de miedo, mientras ella empezaba una segunda vida envuelta para siempre en la bruma de sus recuerdos al otro lado del mundo. Tal vez pensaba en ello cuando un día de 1948 miraba el río Parramatta, en la bahía de Sydney.

El sueño americano. Rótulos oxidados

Examinar la evolución de la cultura y el arte en Estados Unidos y comparar los años del frenesí neoyorquino, de la alegría en la década de los sesenta, de la nueva música, el arte pop, la contracultura, los *hippies* y el amor libre, que palpitaba en el *underground* y las *performances*, con el asustadizo presente, y que transita de una superpotencia que llenaba el mundo con sus productos, con sus mitos y obsesiones, con sus estrellas de cine y sus canciones, hasta el país que se sumergía en 2007 en la crisis de las hipotecas y al año siguiente en la crisis financiera, empezando a temer que sus días de gloria y de dominio mundial estuvieran en peligro, implica sentir el vértigo de la historia desbocada y encontrar el rastro del poder, de la mentira, de la manipulación y la guerra y, también, de las obras que siguen siendo valiosas y de las estafas, de la honestidad, de los escombros del arte y de la escoria del dinero. Ese largo período recoge la exposición *The American Dream: pop to the present*, que organizó el British Museum y que recorre ahora España con CaixaForum, centrada sobre todo en esos movimientos de la segunda mitad del siglo XX y en los procedimientos artísticos con la serigrafía, la litografía y la impresión como nuevos mecanismos de acceso y de divulgación de un alfabeto estético que conjugaba el negocio, la publicidad, la energía del capitalismo norteamericano y la cultura popular creada para los trabajadores de las ciudades industriales que perseguían el *sueño americano*.

De la epifanía con la serie *Stoned Moon*, de Rauschenberg, un canto al proyecto Apolo que pudo celebrar la gesta de la llegada a la Luna tras verse Estados Unidos superado durante años por el programa espacial soviético, hasta la secuencia de los *Rusty signs* de Edward Ruscha hay cuarenta y cinco años de diferencia, los que nos separan de aquella celebración estadounidense que quería tapar el brillo inocultable de Gagarin. Y son esos rótulos oxidados de Ruscha, con agujeros de bala y esquinas rotas, los que muestran explícitamente el abandono de tantos lugares del país, y parecían señalar el destino al que estaba condenado el *sueño americano*, una promesa traicionada o un espejismo de años de expolio exterior y prosperidad. Enseñando las heridas, Ruscha atrapaba la desolada existencia de las ciudades americanas.

Estados Unidos se enriqueció con la Segunda Guerra Mundial y, tras ella, su pujante industria creció hasta niveles insospechados, vendiendo sus productos en todo el mundo e imponiendo su voluntad de la mano de sus soldados y sus servicios secretos, con la OTAN, y en Europa contando con redes clandestinas como Gladio en Italia y Sheepskin en Grecia; en Corea y en Vietnam, en Guatemala y en Panamá, en la República Dominicana y en Indonesia, en Irán y en Laos, mostrando la fuerza de su puño de hierro, como hacían los héroes de los tebeos de hazañas bélicas utilizados como modelo por Lichtenstein en *Sweet Dreams Baby*, de 1965, una serigrafía en color encargada por la tabaquera Philip Morris, donde un puño justiciero dejaba fuera de combate al supuesto bandido deseándole unos irónicos dulces sueños. Estados Unidos era imbatible, era capaz de derrotar a cualquier oponente, al malvado comunismo, a todo aquel que pusiera en peligro la libertad y la forma de vida americana, y creía firmemente en su supuesta excepcionalidad, hasta el punto de que casi veinte años después de esa década prodigiosa, en 1982, incluso

People for the American Way (una organización progresista de derechos civiles… que defendía el "estilo americano") impulsó, con Reagan en la presidencia, la campaña *I Love Liberty* para conmemorar el 250º aniversario de George Washington (¡ni siquiera reparaban en que fue un presidente esclavista!), y Lichtenstein hizo para ella su famosa serigrafía con el nombre de ese operativo propagandístico mostrando el rostro y la antorcha de la neoyorquina estatua de la libertad. El mismo Lichtenstein, hizo con *The Melody Haunts My Reverie* una lectura del *sueño americano* que quería ser sentimental y apenas era infantil y cursi.

Woodstock y Joan Báez, Santana, CCR, Janis Joplin y Jimi Hendrix, además de Bob Dylan, Elvis Presley y Frank Sinatra, llegaron como una exhalación en los años sesenta al corazón de millones de norteamericanos en un país que, pese a todo, seguía instalado en el imaginario de los peligros del comunismo que McCarthy y los suyos habían grabado a fuego durante la *caza de brujas*. Las serigrafías de Warhol de esa época parecían poner al alcance de cualquiera el gusto por el arte moderno asociado al triunfante modo de vida americano, y celebraban una supuesta cultura popular que, en realidad, era la cultura de masas inculcada por la radio, el cine y la televisión, que se revelaba en historietas y tebeos, anuncios publicitarios, aires furtivos de la radio y la televisión, canciones, películas y *graffitis*, donde los trabajadores eran encerrados en un universo coloreado, feliz, infantil y chillón, alejados de los círculos inaccesibles de quienes accedían al Metropolitan de la Quinta avenida, al MoMa, las galerías, al Metropolitan Opera House y los medios del cine con sus estrellas rutilantes y sus mansiones suntuosas. Tal vez, el jazz era la única expresión de la cultura popular donde coincidían los dos mundos. El arte pop, que llega entonces, era un gran recipiente donde cabía cualquier cosa siempre que reflejase los contenidos y gestos de una cultura que se había convertido en mercancía, y donde las mujeres eran un ornamento, como señalarían las Guerrilla Girls: después de todo estaban en un país donde las mujeres ganaban solo el sesenta por ciento de los salarios de los hombres, y donde los negros estaban ausentes, circunstancia que combatió el grupo de artistas afroamericanos Spiral, que habían fundado Norman Lewis (coetáneo de su homónimo el escritor británico), Romare Bearden (que se había formado con George Grosz), y Charles Alston y Hale Woodruff, ambos influidos por Diego Rivera, aunque el colectivo tuvo una breve existencia. Los trabajadores negros estaban condenados a los suburbios de las grandes ciudades, a los circuitos y tabernas de los pobres, porque el arte y la cultura no eran para ellos.

El lenguaje de la publicidad, de los recursos sensacionalistas, y la técnica barata de la serigrafía, sustituyen al expresionismo abstracto que tanto apoyo había recibido del gobierno, del poder cultural y del mandarinato neoyorquino e incluso de la CIA, como documentó Stonor Saunders. Los procedimientos del arte gráfico, con sus talleres y la posibilidad de trabajar con enormes litografías y prensas para calcografías que estampaban numerosas copias, fueron un recurso trascendental, aunque en ocasiones era compleja su producción, circunstancia que desapareció después con el arte conceptual que daba protagonismo a la idea y no a la ejecución, a veces con una evidente agresividad para reclamar la mirada, como en *Pay attention, motherfuckers*, una pieza de Bruce Nauman de 1973: *Presten atención, hijos de puta.*

Incluso cuando la obra en curso se rompía, como le pasó a Rauschenberg con la litografía *Accident*, el desastre podía utilizarse como recurso y encima ganar premios en Europa y prestigio internacional, mientras críticos y participantes en la rueda de la fortuna artística retorcían las palabras para dotar a un vulgar percance de la entidad y la maravilla de la sorpresa, de la innovación y la apertura de una investigación que impulsaba el nuevo arte posmoderno supuestamente hijo de la cultura popular. Johns y Rauschenberg ya eran muy conocidos como pintores cuando empezaron a trabajar en litografía

64

con impresores y talleres durante los años sesenta. Entonces, Ruscha hizo litografías y serigrafías que anticipaban en papel las grandes esculturas curvas oxidadas de acero corten de Richard Serra.

Estados Unidos era la fuerza triunfante, que en esos años sesenta ya se habían convertido en el gendarme mundial, en el fiero vigilante que aplastaba revoluciones y derrocaba gobiernos. Forzados o de manera voluntaria, muchos artistas mantuvieron relación con las United States Armed Forces, antes y después de la guerra de Hitler. Johns estuvo con el ejército en Japón durante los años de la invasión norteamericana de Corea, y Sol LeWitt fue también destinado a Japón y participó en la guerra de Corea; Diebenkorn se alistó con los *marines* durante la Segunda Guerra Mundial, y Rauschenberg fue reclutado por la *Navy*. Donald Judd se alejó de Nueva York y acabó comprando una base militar en Marfa, en el condado tejano de Presidio, para exponer su obra y la de artistas como Claes Oldenburg y Dan Flavin. William N. Copley, CPLY, estuvo con el ejército en el norte de África y en Italia durante la guerra, y Artschwanger, soldado en Francia, fue herido en las Árdenas; ambos tenían ideología de izquierda, como el más joven Donald Sultan, cuya serie de aguafuertes sobre la guerra de Iraq, los refugiados y los bombardeos norteamericanos destilan el amargo y oscuro silbido de las bombas, y como Jenny Holzer, una comprometida artista que refleja la angustia de tantos estadounidenses por la enloquecida carrera bélica y criminal de su país. También la pintora May Stevens (y su marido, el lituano Rudolf Baranik, cuyos padres, socialistas judíos, fueron asesinados por los fascistas en la Segunda Guerra Mundial) participó en el movimiento pacifista contrario a la guerra de Vietnam: su *Big Daddy*, una representación del norteamericano conservador y racista, que tiene con él un *bulldog* vestido con la bandera de las barras y estrellas y dispone de gorras de soldado, policía y capucha del Ku Klux Klan que puede ponerse en cualquier momento, es la representación de la América satisfecha, reaccionaria y mezquina, donde el alabado

Griffith de *The Birth of a Nation* había calificado a los negros de "animales viciosos", y que sigue conservando hoy cráneos y restos de esclavos en el National Museum of Natural History de Washington, en el Penn Museum o en la Universidad de Harvard.

El arte pop reina a partir del momento en que la escoba de Warhol sustituye al *dripping* de Pollock, y desde Estados Unidos se catapulta al mundo: la decrépita y sumisa Europa acepta sin reparo su llegada. Empieza también la colaboración del artista con los trabajadores de los talleres, que llegará al punto de que figuras como Donald Judd o Sol LeWitt encarguen la producción de sus obras a ayudantes, rasgo presente en el minimalismo y el arte conceptual. Las sobrevaloradas pinturas con banderas de las barras y estrellas de Jasper Johns fueron elevadas a la categoría de obras relevantes, y aunque él nunca habló de su significado político no hay duda de que responden a una pulsión patriótica, como sus mapas de la grandeza estadounidense, como los helicópteros castrenses y los jugadores de béisbol de Rauschenberg que excitaban también el imaginario americano; arte y política eran inseparables.

El gobierno de Kennedy, con la NASA, organizó en 1962 un "plan de arte" para acompañar al programa espacial, paseando el orgullo americano por todo el país y enfrentándose, ante el mundo artístico e intelectual, a los logros que habían conseguido los soviéticos. El administrador de la NASA, James Webb, encargó a James Dean (homónimo del actor, que había muerto siete años antes) que diseñara el programa y seleccionase a los artistas. En ese plan participaron George Weymouth, Peter Hurd, Paul Calle, Lamar Dodd, John McCoy, Mitchell Jamieson (que ya había pintado la invasión de Italia y de Francia para la *Navy* durante la Segunda Guerra Mundial), Norman Rockwell y Robert Shore, entre otros. Rauchensberg fue elegido por el gobierno y la NASA para presenciar el lanzamiento del Apolo 11 desde Cabo Cañaveral y glosar el programa espacial estadounidense, que seguía mirando de reojo al soviético, más adelantado. Hábil con

66

las técnicas del arte gráfico, Rauschenberg hizo las treinta y tres litografías de la serie *Stoned Moon*, y después cubrió también el primer lanzamiento del nuevo transbordador espacial. A Rockwell incluso llegaron a prestarle un traje espacial de los que utilizaban los astronautas para que pudiera crear sus obras. Fue un éxito. Todos cumplieron a la perfección el objetivo que buscaban la NASA y el gobierno de añadir la emoción del arte a la hazaña tecnológica: los diseños de Calle con motivos de la exploración espacial y la llegada a la Luna fueron utilizados para imprimir los sellos del servicio postal de Estados Unidos y llegaron a todos los rincones del país.

Pero, en realidad, la posguerra y los años sesenta tampoco fueron tan felices para todos. En 1951, los comunistas Paul Robeson y William L. Patterson, hijos de esclavos, presentaron en la ONU el informe *We Charge Genocide*, que había impulsado el Civil Rights Congress, señalando al gobierno norteamericano como responsable de genocidio contra los negros: pobres, marginados y sin atención médica, más de treinta mil afroamericanos morían cada año. Y cuando empieza la década de los sesenta, todavía la cuarta parte de la población norteamericana vivía bajo el umbral de pobreza. Ese drama llevó a Johnson a impulsar programas sociales con el paraguas de la Great Society, y aprobar leyes de derechos civiles: la segregación racial era una herida abierta entonces, que no se ha cerrado. La marcha sobre Washington de 1963 quería trabajo y libertad y exigía los derechos de los negros, aunque no todos estaban de acuerdo: Malcolm X no acudió a la concentración del National Mall y desconfiaba de los organizadores. Los constantes asesinatos de negros por la policía, los disturbios en Birmingham en mayo de 1963, el grito de atención de los estudiantes que iniciaron las sentadas de Greensboro en la tienda Woolworth de esa ciudad, el Domingo Sangriento de Selma, Alabama, en marzo de 1965, donde se ensañaron con los manifestantes, y muchos otros episodios brutales, jalonan esos años, donde cayeron asesinados también Martin Luther King y Malcolm X.

En el exterior, la mirada estadounidense colonizó la cultura de muchos otros países, y los poderosos resortes políticos y diplomáticos de Washington, además de la obvia imposición militar, iban de la mano del cine, del arte, la información, de la investigación y los programas universitarios. La implicación gubernamental apoyando al expresionismo abstracto y sus artistas, las exposiciones, giras, congresos en Europa, y la actividad de la CIA y del MoMA estaban relacionados y tenían los mismos objetivos; y otras instituciones y museos hicieron lo mismo: el consejo de directores del Whitney Museum trabajaba con la CIA para llevar por el mundo el discurso anticomunista. También lo hacía la American Academy of Arts and Sciences, que disponía de la revista *Daedalus*, que sigue publicándose. El arte, la literatura y el pensamiento recibían un constante examen, atención y promoción, siempre bajo esquemas anticomunistas. En 1974, Eva Cockroft escribió en *Artforum* un cauteloso y revelador artículo sobre la utilización del dinero sucio de la CIA para promocionar el anticomunismo en los círculos intelectuales y artísticos; así, no extraña que el escritor Arthur Koestler (colaborador de la CIA, y violador, que acabaría suicidándose) señalase con crudeza las giras, conferencias y congresos de escritores financiados por la agencia de Langley en los años de la Guerra Fría como "el circuito internacional académico de putas por teléfono". El poeta Spender trabajó durante años en *Encounter*, una revista cultural financiada por la CIA, que se publicó hasta 1991. Y la lista es larga.

El optimismo de posguerra, los gigantescos carteles publicitarios en las carreteras, los grandes lienzos de Rothko y Pollock, el acceso a los automóviles, la convicción de la grandeza americana, el inicio de un consumismo desenfrenado que no tendría fin, iban acompañados de la alegría del pop, de la liberación sexual, de la despreocupación por las drogas y el intervencionismo militar exterior: parecía que el *sueño americano*, una casa con jardín en barrios tranquilos como los de los aguafuertes de Robert Bechtle, un Ford Galaxie, un trabajo

68

bien pagado, incluso la esperanza de enriquecerse, estaba al alcance de todos. Los norteamericanos vivían orgullosos de ser el país más rico y poderoso de la tierra, admirados del obelisco de Little Bighorn de Montana, de la épica tramposa guardada en el Monument Valley de Utah, o del Mount Rushmore National Memorial de Keystone que había puesto para siempre en las montañas a sus presidentes, pero esas proezas acabarían en el desolado mensaje de las obras de Edward Ruscha, como en esa *Gasolinera fantasma* de 2011 que evocaba la serigrafía que hizo cuarenta y cinco años atrás con el mismo motivo, ahora con el color de la vida perdido, cuando ya los signos de la decadencia empezaban a inquietar a los Estados Unidos.

De hecho, en las nuevas corrientes artísticas todo servía y el pop integró procedimientos comerciales y objetos de la sociedad consumista. Johns, como hizo Warhol con la sopa Campbell, utilizó la lata de café Savarin como motivo de una litografía, que después repitió. Otros, como Willem de Kooning, sin abandonar el expresionismo abstracto, trabajaban con las nuevas técnicas del arte gráfico, mientras Lichtenstein pasaba de esa escuela de Nueva York a pintar imágenes de historietas y cómics ya publicados. Después, con la llegada del minimalismo y el arte conceptual, desaparece incluso la categoría de pintura o escultura, como hizo Al Taylor, quien creó series basándose en las manchas de la orina de perro en papel de periódicos. Por su parte, Artschwanger fue un solitario, sin adscripción artística, haciendo no se sabe si muebles o esculturas honrando una poética de lo inútil, como si hiciera un guiño involuntario a Oscar Wilde.

Pese a los aires de libertad que arrastraba el pop, no se expresaba ningún rechazo a la marginación de la mujer en el mundo artístico, ni en museos y galerías, pese a la importancia del movimiento feminista en otros sectores sociales. Y los negros estaban ausentes, porque el arte era un reino de blancos. Hasta la llegada del colectivo anónimo de Guerrilla Girls a mediados de los años ochenta no se interroga a quienes gobiernan las instituciones artísticas por la constante postergación de la mujer: por eso, el grupo utilizará el célebre óleo de la odalisca de Ingres poniéndole una máscara de gorila de la que parece surgir la pregunta que no se puede obviar: "¿Las mujeres tienen que estar desnudas para entrar al Metropolitan Museum?".

Ruscha publicó a su cargo dieciséis "libros de artista", que empezó vendiendo por unos pocos dólares: el primero se llamó *Veintiséis gasolineras*, y era exactamente eso, estaciones de servicio de la tópica carretera 66 que llevaba a Los Ángeles, como si fueran las fuentes de la libertad y la prosperidad que alimentaban el *sueño americano*, pese a que Ruscha rechazaba el interés político o la exigencia de otra vida. También el activo CPLY empezó a publicar a finales de los años sesenta unos libros de artista agrupados en carpetas denominadas *Shit Must Stop*, (La mierda debe terminar), donde participaron Oldenburg, Duchamp, Man Ray, Lichtenstein y Lenore Knaster (Lee Lozano), entre otros, evitando deliberadamente a las galerías de arte, algo que también hizo en los setenta Ida Applebroog con sus propios libros de artista.

La soleada California de los automóviles descapotables, de las estrellas de cine, de los jóvenes sanos y felices que jugaban en las playas, y esos limpios escaparates neoyorquinos de las serigrafías de Richard Estes a principios de los años setenta, es el fotorrealismo de un mundo deslumbrante donde el consumo está al alcance de la mano pero donde faltan las personas: es limpio, delicado, ordenado, tranquilo, con la luz y el brillo de la prosperidad. Todo parecía funcionar bien, aunque Arthur Miller había mostrado la tristeza y la mentira del mundo en que vivía su viajante y hasta Marilyn Monroe sucumbía en el oleaje furioso del exhibicionismo y la falsificación, mientras la guerra de Vietnam empezaba a generar inquietud y rechazo militante: llevó a Rosenquist a crear una serigrafía de más de veinticinco metros de larga, en plafones, mostrando el caza bombardero estadounidense que asolaba Vietnam. La obra, *F-111*, de 1974, tenía los colores brillantes del pop y la fuerza y el impacto del universo publicitario mostrando paradójicamente el horror de la guerra, la ferocidad del Pentágono y la complicidad de los medios de comunicación. Después, otros, como Judd, participaron en la oposición a la guerra impuesta por Estados Unidos en Oriente Medio y ayudaron a campañas como la de *Art for a Nuclear Weapons Freeze*, para reducir los arsenales nucleares, iniciativa que también apoyó Rosenquist. CPLY, que siempre fue de izquierda, realizó obras explícitas contra la intervención norteamericana en Vietnam; como Chris Burden, en cuya obra *The Other Vietnam Memorial*, de 1991, grabó en placas de cobre anodizado los nombres de cuatro mil vietnamitas para recordar a los más de tres millones de personas asesinadas por las tropas norteamericanas durante la guerra de Vietnam, para enfrentarlo al memorial con el gigantesco muro de granito negro con que Estados Unidos honra en Washington a sus 58.220 soldados caídos en el sudeste asiático, porque los muertos vietnamitas, laosianos o camboyanos no importaban.

Hoover, McCarthy, el FBI, la CIA y los grandes empresarios, desarrollaron un sistemático plan de destrucción, aislamiento y demolición de la izquierda estadounidense que estaba culminado cuando llegan los años del pop, y la contestación quedó en manos de las minorías raciales, de asociaciones feministas, de los grupos que luchaban descoordinadamente por conquistar derechos parciales, mientras los trabajadores, mayoritariamente blancos, perdieron entidad sindical, fuerza organizada, condenados a la lógica destructiva e inhumana del capitalismo que crearía los desolados suburbios de Detroit, Flint, Baltimore, Washington o Los Ángeles. Treinta años después del arte pop, Emma Amos, descendiente de esclavos, marginada en su doble condición de mujer y negra, utilizó la iconografía de la bandera, como Johns, pero su *Stars and Stripes*, de 1995, incorporó las barras de la cruz de San Andrés de la Confederación esclavista y puso en el recuadro de las estrellas una fotografía de tristes niños negros: la acusación del infame pasado y de su persistente margina-

71

ción. Y los fotograbados de Jenny Holzer de 2006 utilizando páginas de informes del FBI desclasificados pero llenos de tachones oscuros que impiden ver el contenido son una de las expresiones utilizadas por la artista conceptual, que muestran la desazón del país, la omnipresente censura, el abuso de las medidas contra el terrorismo, y la persecución que pone en peligro la libertad. Incluso el recurso de Holzer repartiendo a mano sus impresos, sus obras, por las calles de Nueva York, mostraba la precariedad del arte situado fuera de los límites del sistema y la fragilidad de las voces que se oponen a los dioses del dinero.

El *sueño americano* que celebraba el desenfado y la alegría del pop, la embriaguez de la música y las imágenes de la televisión, desembocan en los trabajos mal pagados, en el estancamiento y marginación de los suburbios que destilaban ya en los años setenta las páginas casi minimalistas de Carver, mientras los padres ven hoy alejarse la posibilidad de que sus hijos vayan a la universidad, aunque ahora Biden prometa nuevos tiempos. Entre 2008 y 2016, seis mil soldados norteamericanos retirados se suicidaron cada año: eran veteranos de las guerras de Afganistán e Iraq, matarifes y carne de cañón al mismo tiempo; y una tercera parte de todos los que fueron destinados a Oriente Medio desarrollaron enfermedades mentales. La pesada losa de los suicidios, de los asesinatos en el país, que sumados alcanzan cifras de más de ciento veinte mil muertos anuales, de los finados por la droga, parecen traer de nuevo, un siglo después, la sombra de O'Neill y su Mary Tyrone, sustituyendo la morfina por otros opiáceos, en un largo viaje hacia la noche que revela el fin del *sueño americano*.

Cuando, a finales del siglo XX, Philip Roth daba forma en *Pastoral americana* a su Seymour Levov, personificación de ese anhelo, constataba que el mundo había cambiado por completo, y dejaba a su protagonista llorar en soledad aunque a veces creyese ser feliz. Ese final se expresa también en las obras de Bruce Nauman, y traen la

72

pistola humeante que hizo Vija Celmins (una artista letona, hoy octogenaria, cuya familia abandonó la Letonia soviética para instalarse en la Alemania nazi en 1940, y ocho años después en Estados Unidos) en los años sesenta, sus telarañas y cielos nocturnos. *Dead end*; *For sale*, y *Cash for tools*, equivalentes a *Callejón sin salida*, *En venta*, y *Compra de herramientas*; todos esos rótulos oxidados (*Rusty signs*) de Ruscha son un reflejo y una mirada sobre los nuevos Estados Unidos que temen la decadencia: la joven *América* conducía en los años sesenta un rutilante Ford Galaxie hacia un mañana lleno de anuncios luminosos de neón, y teme ahora descorrer el velo, mirar detrás de los grandes carteles publicitarios, y ver que no hay futuro para ella.

El amigo Paul Éluard

Paul Éluard fue un poeta peculiar, influido en su juventud por Baudelaire, y también por Verlaine, deseoso de cambiar el lenguaje poético, de perseguir la libertad, de conquistar la igualdad. Propósitos que no eran nuevos, pero que tras su etapa dadaísta (llegó a dirigir una revista dadá, *Proverbe*, que publicó seis números) y surrealista, a veces hermética, arraigaron con más fuerza en él a partir de 1926, cuando inicia su militancia política, desarrolla su compleja poesía y su ansia de justicia, juega con el automatismo, se convierte en el más relevante poeta surrealista, comprometido con la vanguardia poética. Los años de su amistad con Picasso, que se inicia poco antes de la guerra civil española y se prolonga hasta la muerte del poeta, son el motivo de la indagación presentada por el Museu Picasso barcelonés: *Pablo Picasso. Paul Éluard. Una amistad sublime.*

Paul Éluard y Picasso se conocieron gracias a Christian Zervos (un crítico de arte que ya llevaba varios años ocupado en la publicación en *Cahiers d'Art* del famoso catálogo de la obra del pintor que no se culminaría hasta 1978 con treinta y tres volúmenes) y a finales de 1935 empezaron a relacionarse con frecuencia, anudando una sólida amistad. Fue Éluard quien presentó Dora Maar a Picasso, en enero de 1936, en el estreno de *El crimen del señor Lange*,

75

de Jean Renoir. Picasso mantuvo con otro poeta, Apollinaire, una gran complicidad, truncada por la terrible pandemia de la gripe del último verano de la *Gran Guerra*. Apollinaire había definido a Picasso como un pintor que dotaba de un nuevo sentido al desorden del mundo, volviéndolo a crear, y fue uno de los poetas con los que mantuvo gran amistad, al igual que con Max Jacob, Jean Cocteau y Paul Éluard. El 9 de noviembre de 1918, en el Hôtel Lutetia donde se alojaba, comunicaron por teléfono a Picasso que Apollinaire había muerto. Era uno de sus mejores amigos: el día anterior lo había visitado en su casa del boulevard Saint-Germain, como Breton. Fue un día histórico: el *káiser* abdicó en Spa, y la *Gran Guerra* estaba a punto de terminar. Casi veinte años después, entra en la vida del pintor malagueño otro poeta, Paul Éluard, aunque habían coincidido fugazmente en 1918, gran amigo de Picasso desde los años treinta hasta su muerte en 1952. La desaparición de los dos poetas, a más de treinta años de distancia, le afectó profundamente. Picasso siempre mantuvo su amistad con Éluard, y lo ayudó económicamente en no pocas ocasiones, regalándole cuadros, dibujos, o ilustrando algunos libros del poeta destinados a coleccionistas; Éluard llegó a poseer más de setenta obras de Picasso, desde dibujos a acuarelas, grabados o pinturas, muchas de ellas compradas antes de su amistad con el pintor. El poeta realizaba tareas de intermediario para otros, oficiando de marchante ocasional, vendiendo obras que posee cuando necesita dinero, además de trabajar con su padre en tareas inmobiliarias. En 1923, en un artículo sobre la muestra de los *independientes* en el Grand Palais de París, donde había acudido por su amistad con Max Ernst, Éluard define a Picasso como un "pintor del olvido, de las cosas más pobres y de las naturalezas realmente muertas". En 1924, siguiendo sus indicaciones, Gala vende la colección de Éluard: más de treinta cuadros, otros tantos dibujos, y figuras de madera.

Éluard, siempre con salud precaria, fue movilizado al inicio de la guerra, padece los gases tóxicos que afectaron gravemente a su salud, y se casa durante un permiso en 1917 con Elena Dimitrievna Diákonova, Gala, de quien se separará formalmente en 1931 a causa de su relación con Dalí. Éluard la había conocido en Suiza en 1912, en el sanatorio de Clavadel, junto a Davos, donde estuvo ingresado durante más de un año a causa de su mala salud. Gala volvió a Rusia, pero viajó a Francia en 1916, y tras consolidar su relación con Éluard se instalaron en el 3 de la *rue Ordener*, y se casaron en febrero de 1917, aunque pocas semanas después el poeta tuvo que volver al frente. En mayo de 1918 nace su única hija, Cécile. Después, Gala y Éluard viven durante un par de años en Saint-Brice-sous-Forêt, en el 3 bis de la rue Chaussée, lugar donde acuden los surrealistas, entre ellos Max Ernst. En marzo de 1919, Éluard conoce a Breton, y siete años después, en 1926, ante la ruptura de éste con Jean Paulhan, Éluard apoya al padre del surrealismo. En esos años le influye la pintura metafísica de Giorgio de Chirico, de quien comprará numerosos cuadros. En el verano de 1922, Éluard y Gala pasan el verano en el Tirol junto a Max Ernst, Hans Arp, Tzara y otros, y Ernst se instala en Saint-Brice-sous-Fôret en la casa del matrimonio Éluard. Surgen en esos años las diferencias entre dadaístas y el movimiento surrealista en ciernes, que tienen a Picasso como agente inconsciente de la ruptura: el 6 de julio de 1923, en el acto dadaísta que había organizado Tzara en el Teatro Michel de París, Pierre de Massot, amigo de Picabia, lanza desde el escenario varios insultos al pintor malagueño afirmando que ha muerto "en el campo de batalla", y Breton responde rompiéndole un brazo a Massot de un bastonazo; interviene la policía, y en el alboroto participan también Éluard, Péret y Aragon. Pese a todo, Massot colaborará después con los surrealistas hasta que se incorpora al Partido Comunista francés en 1936.

Pero la convivencia con Gala se deteriora, y, en abril de 1924, Éluard inicia de improviso un largo viaje de seis meses por el mundo, a causa de las tensiones con Ernst y Gala, embarcándose en un carguero en Marsella que le llevará al Caribe, a la costa panameña,

77

a Tahití y a Australia, abandonando su vida y casi su poesía, en un reflejo involuntario de Rimbaud o Valéry. Max Ernst y Gala, a quien Éluard escribe desde Tahití pidiéndole que se una a su viaje por el mundo, se encuentran con él en Asia, y vuelven a París a principios de octubre. Décadas después, esas cartas de Éluard a Gala serían recogidas y publicadas por Pierre Dreyfus en Gallimard. A la vuelta del viaje por el mundo, el poeta se instala en una casa de sus padres cerca de Montlignon, que Max Ernst decora, y mantiene hasta 1931 un estudio en París, en el 42 de la rue Fontaine, donde también vivía Breton. Después, vive durante un par de años en el 7 de la rue Becquerel, en Montmartre; y en octubre de 1938 en Le Pecq; finalmente, casi hasta el estallido de la guerra, vive en el 54 de la rue Legendre, en un pequeño apartamento que Roland Penrose recuerda atiborrado de libros y cuadros. En octubre de 1940, Éluard y Nusch se instalan en la **rue de la Chapelle.** Con altibajos, el poeta había mantenido su relación con Gala, pero se separa definitivamente de ella en 1931. El año anterior, el poeta había conocido a Maria Benz, *Nusch*, con quien viaja durante el verano a Cadaqués para estar con Dalí y Gala, y ambos se casan en agosto de 1934, con Breton y René Char como testigos.

Desde 1926, Éluard era miembro del Partido Comunista Francés, aunque las disputas entre el grupo surrealista, y las diferencias sobre Aragon, acaban con su exclusión del partido, junto a Breton y Crevel. En febrero de 1942 solicita al partido ingresar de nuevo, y pasa a la clandestinidad al año siguiente, forzado por la ocupación nazi. El momento es duro: el filósofo Georges Politzer, el dibujante Félix Cadras, el metalúrgico Arthur Dallidet (a quien los torturadores de la Gestapo dejaron sordo y ciego), el escritor Jacques Decour y el físico Jacques Solomon, todos ellos dirigentes comunistas, son fusilados por los nazis en mayo de 1942.

En abril de 1930, Éluard visita a Picasso en Boisgeloup, pero su relación es ocasional: será a finales de 1935 cuando inician contactos más estrechos. El 17 de enero de 1936, Éluard pronuncia una conferencia en la Sala Esteva de la calle Caspe, en la Barcelona del Frente Popular (coalición antifascista que se había fundado dos días antes) con ocasión de la muestra que se había inaugurado el 13 de enero, y que afirmaba ser "la primera exposición de Picasso en Barcelona". Éluard ya había estado en España en 1927, y fue a casa de Dalí y Gala, en Cadaqués, en el verano de 1929, junto con Nush y René Char. También se encuentran allí Magritte, Buñuel, y les visita J. V. Foix, con quien Éluard anudará amistad. Es en esa época cuando sus intervenciones y versos son más apasionados, más comprometidos con la lucha política; dedica un poema al pintor español, a quien ha observado mientras trabaja, un hombre "a quien no olvidaré nunca", escribe. En su estancia en Mougins, en el verano de 1936, donde se encuentran Picasso, Dora Maar, Man Ray, Zervos, Penrose, Paul Éluard y Nusch, les llega la noticia del asesinato de García Lorca ("Garcia Lorca a été mis à mort", escribe en un poema), y, en septiembre, les sorprende el nombramiento de Picasso como director del Museo del Prado. La guerra civil española los abruma. El poema de Éluard, *Novembre 1936*, evoca el frente de Madrid y es publicado en *L'Humanité* el 17 de diciembre de ese año con una nota de Louis Aragon.

La conferencia de Éluard en Barcelona, que se transmite por radio y que Picasso escucha en París, tenía un título sorprendente: "Picasso según Éluard, según Breton y según él mismo", y en ella cita el cuadro *La femme en chemise dans un fauteuil*, de 1913, del cubismo sintético, que Picasso había pintado influido por esculturas africanas y como una evocación de Ingres. Tres días después Éluard lee sus poemas en la librería Catalònia de la Ronda de Sant Pere, y el 23 habla sobre el movimiento surrealista en el Ateneu Enciclopèdic Popular de la calle del Carme, donde defiende la fraternidad y apunta el enemigo: el capitalismo que va de la mano de la patria, la religión y la familia. Éluard va también a Madrid, donde interviene en el Instituto Francés, y en el Ateneo junto a Ramón Gómez de la Serna; y a Sevilla y Córdoba. El 20 de febrero está de vuelta en París. En junio de 1936, Éluard ultima *La Barre d'appui*, dedicado a Nush, y *Les yeux fertiles*, ambos con ilustraciones de Picasso. En el primero, Picasso utiliza una plancha de cobre dividida en cuatro partes, en una de las cuales imprime la huella de su mano y en las otras tres pinta a Nusch Éluard, Marie-Thérèse Walter y, probablemente, Dora Maar, que ha aparecido en su vida. Pintor y poeta colaboran en esa obra por primera vez, y dedican uno de los ejemplares a Marcel Duchamp. En *Les yeux fertiles*, el poeta integra versos de obras anteriores. Éluard y Picasso consiguen una fusión de poemas e ilustraciones que agregan complicidad y secreto: Picasso ya le ha hecho el primer retrato a Éluard, y se lo ha regalado. Después, vendrán otros muchos, como la serie *Retrato de Éluard*, de 1941, compuesta por dieciocho esquemáticos retratos de perfil, y caricaturas, igual que había hecho también a Apollinaire o a Sabartés. Por su parte, Éluard dedicó muchos de sus poemas y obras al pintor, como hizo durante la guerra con *Le livre ouvert* ("Te dedico a ti, Pablo Picasso, mi amigo sublime, este libro"). Éluard apreciaba mucho las representaciones de la mujer en la obra de su amigo: en una carta a Roland Penrose, en agosto de 1944, cuando París acaba de ser liberada, Éluard afirma que "Picasso pinta cada vez más como Dios, o como el diablo, unos retratos de Nusch encantadores, maravillosos." A Nusch la habían fotografiado con frecuencia Man Tay y Dora Maar.

Después, la guerra civil española los envuelve: en enero de 1937, el poeta, Picasso y Zervos se encuentran con José Bergamín en París para recibir noticias de la guerra, y deciden fundar una revista, *Au poids du sang*; el pintor malagueño crea los grabados de *Sueño y mentira de Franco*, para contribuir a la lucha contra el fascismo; y en mayo de 1937 Éluard confiesa en una carta a Gala: "Las matanzas de Guernica me llenan de una ira infinita. Pero no sé qué hacer." En esos días, el poeta observa el trabajo de Picasso con el *Guernica*, en el

80

estudio de la rue des Grans-Augustins, y escribe *La Victoire de Guernica*, que después se exhibirá en el Pabellón de la República de Sert junto al *Guernica* en la Exposición Internacional que se inaugura el 25 de mayo de 1937, y aparecerá también junto a *Sueño y mentira de Franco* que había hecho Picasso. En 1938, se vuelve a editar *Novembre 1936*, el poema que Éluard había escrito al Madrid de la resistencia al fascismo (*"Regardez travailler les bâtisseurs de ruines…"*, *"Mirad cómo trabajan los constructores de ruinas…"*), acompañado de grabados de Picasso, Miró, Ives Tanguy, André Masson y otros, para recaudar fondos para la España republicana. La pintura de Picasso y la poesía de Éluard muestran al mundo las urgencias del momento, el rostro siniestro del fascismo, el peligro de la guerra.

En 1937, Éluard y Nusch, junto a Lee Miller, Roland Penrose, Man Ray y Adrienne Fidelin, van a Mougins, donde ya están Picasso y Dora Maar en el hotel *Vaste Horizon*, donde el pintor realizará varios retratos de las mujeres presentes y a Éluard vestido de arlesiana. Volverán a Mougins al año siguiente, cuando Éluard escribe su famoso poema a Picasso que inicia con *"Les uns ont inventé l'ennui d'autres le rire"*. En abril de 1937, Picasso dibuja un pequeño boceto *Brazo levantado con una flecha,* en la portada de un ejemplar de *Treball*, el diario del PSUC, un reflejo de la fotografía de Stalin que aparece en ese número, y en diciembre de 1937 pinta *La suplicante* en referencia a los bombardeos fascistas sobre Lleida del mes anterior. Picasso no cesa de enviar dinero a los comités de solidaridad con la España republicana, sufragando los viajes a escritores y artistas que se refugian en América: en febrero de 1939, Éluard, Max Ernst y Picasso amparan a Manuel Altolaguirre y su familia en Burdeos, y el pintor malagueño recauda dinero para que puedan viajar a Cuba.

Cuando se inicia la Segunda Guerra Mundial, Éluard es movilizado, pero no lo destinan al frente sino a intendencia, no en vano está a punto de cumplir 44 años; con la rendición de Pétain ante Hitler es desmovilizado. Sin embargo, la caída de París y de Francia es un terrible golpe para todos: a finales de 1940, Éluard escribe su célebre poema "Liberté", mientras sufre serios problemas económicos. Picasso resiste en su taller, aunque recibe amenazas; y Éluard publica clandestinamente durante la ocupación alemana, como la colección *El honor de los poetas*, que prepara junto a Pierre Seghers y Jean Lescure con poetas de la resistencia, y tiene que esconderse en casa de Zervos, y desde 1942 en la tienda del poeta y editor comunista Lucien Scheler, que también participa en la resistencia y lo acoge en su librería de la rue Tournon de París. En ese año, conoce a Romain Rolland en Vézelay. El peligro acecha: desde octubre de 1943 a la primavera siguiente, Éluard y Nusch tienen que ocultarse en el manicomio de Saint-Alban, y Picasso tiene que exponer clandestinamente sus obras.

En 1944, Picasso decide incorporarse al Partido Comunista Francés en un acto donde le acompañan Jacques Duclos y Marcel Cachin. Éluard da cuenta del hecho el 5 de octubre desde la portada del diario *L'Humanité*, portavoz del partido, que anuncia también la incorporación del pintor y diseñador Francis Jourdain. El pintor español proclama que, de hecho, hacía mucho tiempo que estaba del lado comunista. Tres días después, centenares de miles de personas se congregan en el cementerio Père-Lachaise convocadas por *L'Humanité*, con asistencia de Picasso, Éluard, Edouard Pignon, Sartre, Aragon. Picasso sigue ayudando económicamente a los comités de la resistencia, entrega obras a petición de Éluard para que sean vendidas en beneficio de niños judíos, y colabora en iniciativas antifascistas, como el retrato que hizo a Madeleine Riffaud, una joven resistente de veinte años que había matado a un oficial alemán en el puente Solférino de París, y que después fue detenida y torturada por la Gestapo. Riffaud publicó en 1945 *Le Poing fermé* (El puño cerrado) con el retrato que le había hecho Picasso y un prefacio de Éluard, y se convirtió en la posguerra en periodista de *L'Humanité*, enviada a cubrir las guerras de Argelia y Vietnam.

A finales de 1944, Éluard publica una recopilación de sus textos sobre el pintor, que titula *À Pablo Picasso*. En 1945, publica *Au rendez-vous allemand* en *Les Éditions de Minuit*, la editorial clandestina de la resistencia, una edición aumentada de *Poésie et verité* que había publicado tres años antes, y donde aparece el célebre poema *Liberté*. El libro es un canto de amor a la resistencia y de denuncia de los colaboracionistas que trabajaron con los ocupantes nazis. La alegría por la liberación no hace que se olviden de España: con motivo de la exposición de Picasso en la Galerie Louis Carré del verano de 1945, Éluard prepara un volumen, *Picasso Libre*, con reproducciones del pintor y citas de Apollinaire, Gide, Cocteau, Stravinski, Zervos, Éluard y Aragon para recaudar fondos con destino al Comité Francia-España (del que eran presidentes Éluard y Jean Cassou) de ayuda a la resistencia contra la dictadura franquista. Colaboran también en muchas otras iniciativas, como en el volumen *Jours de gloire: histoire de la libération de Paris*, que contiene grabados del pintor malagueño y textos del poeta. La amistad entre ambos es profunda.

Viaja con Nusch a Checoslovaquia, Italia, Yugoslavia y Grecia. En abril de 1946 Éluard se encuentra en Praga, de nuevo, con su amigo el poeta checo Vítězslav Nezval, que había frecuentado los círculos surrealistas de París, y era miembro del Partido Comunista Checoslovaco desde 1924; en ese momento, era el responsable del departamento cinematográfico del Ministerio de Información checoslovaco. En septiembre de 1946, Éluard participa en el Festival de Cine de Cannes, y vuelve a ver a Picasso y a Françoise Gilot, a quienes visitará con frecuencia en Antibes durante el verano siguiente, lo que dará pie al volumen *Picasso à Antibes*, con fotografías al pintor realizadas por Michel Sima y textos de Éluard. Recibe entonces un mazazo terrible: Nusch muere en noviembre, con apenas cuarenta años, y es enterrada en el Pére-Lachaise: el poeta piensa incluso en suicidarse.

Pintor y poeta participan en el Congreso Mundial de Intelectua-

83

les en Defensa de la Paz que se celebra en Wrocław, Breslavia, en agosto de 1948. Maurice Thorez había insistido mucho para que Picasso asistiese. En el encuentro se apoya un llamamiento en defensa de Pablo Neruda, perseguido entonces por el gobierno de González Videla que pocos días después prohíbe al Partido Comunista Chileno, cierra su periódico y después ordena la detención del autor de *España en el corazón*, forzando al poeta a la clandestinidad y al exilio. Después, Picasso y Éluard visitan Cracovia, Auschwitz y Varsovia.

Éluard y Picasso asisten también al Congreso Mundial de la paz que se celebró en la Sala Pleyel de París en abril de 1949, donde aparece la paloma picassiana que había seleccionado Louis Aragon para incorporar como símbolo a la campaña mundial en defensa de la paz. Después, ambos se encuentran con Neruda, Jorge Amado, Lukács, y Éluard viaja a Hungría, Rumanía, México, la Unión Soviética, Bulgaria, llevando la voz de los poetas franceses. En febrero de 1951, cuando Picasso recibe el Premio Stalin de la Paz en la Mutualité de París, Éluard pronuncia un discurso, al igual que Fernand Léger, la premio Nobel de Química, Irène Joliot-Curie (que será apartada ese mismo año, por sus simpatías comunistas, de la Comisión de Energía Atómica por el gobierno francés) e Yves Farge. En junio de 1951, Éluard se casa con Odette Lemor, *Dominique*, a quien había conocido dos años antes en México; el enlace tiene a Picasso, Françoise Gilot, Penrose y Lee Miller como testigos. Ese año, el poeta celebra en Londres el septuagésimo aniversario del pintor pronunciando una conferencia, "Le plus jeune artiste du monde, Picasso, a soixante-dix ans"; para la ocasión se había publicado un volumen *Homage to Picasso*, de Penrose, con el poema de Éluard "Picasso, bon maître de la liberté". Los dos colaboran en la obra *Meurtre à Athènes. L'assassinat de Nicos Beloyannis et de ses compagnons*, con un prefacio de Éluard y una ilustración de Picasso, *El hombre del clavel*, apodo del dirigente comunista griego Beloyannis. El libro se publicada inmediatamente después del fusilamiento de los dirigentes comunistas en el barrio de

84

Goudi, Atenas, el 30 de marzo de 1952 y denunciaba el juicio del tribunal griego, que estaba compuesto por tres militares (uno de los cuales, Georgios Papadopoulos, sería protagonista de la sangrienta dictadura militar o "régimen de los coroneles" en 1967), y el atroz asesinato posterior. Éluard, de hecho, había viajado en mayo de 1949 a Grecia para solidarizarse con el ELAS antifascista, el Ejército Popular de Liberación Nacional impulsado por los comunistas griegos, que había luchado contra la ocupación nazi y que en ese momento libraba una dura batalla contra el bando monárquico apoyado por Estados Unidos y Gran Bretaña. En Grecia, Éluard llegó a hablar por los altavoces del frente dirigiéndose a los soldados monárquicos y fascistas. A finales de febrero de 1952, Éluard viaja a Moscú para los actos conmemorativos del centésimo quincuagésimo aniversario del nacimiento de Víctor Hugo y del centenario de la muerte de Gógol, y pronuncia una conferencia en la Sala de Columnas moscovita. En junio, el poeta recibe el Premio Internacional de la Paz que le otorga el Consejo Mundial de la Paz. El 18 de noviembre de 1952, Éluard muere de un infarto de miocardio.

La inquietud surrealista, que alcanzó también a Braque, Arp, Max Ernst, Paul Klee, Joan Miró y Picasso, entre otros, se muestra en la poesía de Éluard, que recoge en su libro *Capital del dolor*, dedicado a Breton y donde aparece su poema *Pablo Picasso*, en una fecha, 1926, en que aún no mantiene relación con el pintor malagueño. Señala: *Je suis futur et rien n'a de limites / Toi l'endormie moi l'homme sans sommeil*. Soy futuro y nada tiene límites / Tú la durmiente yo el hombre sin sueño. En otro poema: *Je suis un homme dans le vide / Un sourd un aveugle un muet / Sur un immense socle de silence noir*. Soy un hombre en el vacío, / Soy un sordo ciego un mudo / Sobre un inmenso pedestal de silencio negro. A lo largo de su amistad, Éluard dedicó otros al pintor malagueño, como el que titula "Pablo Picasso": *Les armes du sommeil ont creusé dans la nuit / Les sillons merveilleux qui séparent nos têtes. / A travers le diamant, toute médaille est fausse, /*

85

Sous le ciel éclatant, la terre est invisible (...). Las armas del sueño han cavado en la noche / Los surcos prodigiosos que separan nuestras cabezas / A través del diamante, toda medalla es falsa, / Bajo el cielo brillante, la tierra es invisible (...). Y todavía, otro poema *à Pablo Picasso: Captive de la plaine, agonisante folle, / La lumière sur toi se cache, vois le ciel: / Il a fermé les yeux pour s'en prendre à ton rêve, / Il a fermé ta robe pour briser tes chaînes*. Cautiva del llano, loca agonizante, / La luz sobre ti se oculta, ve el cielo: / Ha cerrado los ojos para cogerse de tu sueño, / Ha cerrado tu vestido para quebrar tus cadenas.

A su muerte, apenas habían pasado diez años desde que los aviones aliados lanzaban sobre Francia paquetes del libro *Poesía y verdad*, hojitas con el poema "Liberté" para que los recogiese la resistencia, versos de combate, de confianza en el futuro, de fraternidad, de paciente y temblorosa libertad:

> Sur le front de mes amis
> Sur chaque main qui se tend
> J'ecris ton nom [...] Je suis né pour te connaître
> Pour te nommer / Liberté.

> (Sobre la frente de mis amigos
> Sobre cada mano que se tiende
> Escribo tu nombre. [...] Nací para conocerte
> Para nombrarte / Libertad.)

En su etapa surrealista, Éluard perseguía ese estado en que los seres humanos podían "soñar juntos", como había acuñado Benjamin Péret, la emoción que surgía del sueño, del descanso, de los impulsos irracionales, concebida por dadaístas y surrealistas como recurso creador, literario, para extinguirse en el huracán de una época ansiosa, y para terminar hilvanando una poesía íntima que llegó a las multitudes, al corazón de quienes encomendaban su libertad al abrumado, duro y tenaz empeño de la resistencia. Éluard era un amigo, un camarada, el hombre que buscaba la fraternidad, que creía en la poesía por sí misma, y que con su trayectoria indicaba y prefiguraba la amistad y la solidaridad, el mundo que soñaba sin esperar verlo. "A partir de Picasso, las paredes se derrumban", escribió Éluard, escuchando las palabras y el ruido, el pálpito que parecía golpear el cielo. Picasso había ilustrado muchos de sus libros, y retratos de Nusch, y ese frío día de noviembre de 1952, pasa el duelo por la muerte de Éluard dibujando retratos de su amigo, como éste le había dedicado muchos versos. Cuando entierran al poeta en el Père-Lachaise, acude con Elsa Triolet y Cécile Éluard: allí lo fotografían, Picasso frente a la tumba de Éluard, solo, desolado, envuelto en un abrigo y una bufanda que le tapaba la nuca, vencido por el dolor.

Walter Benjamin, entre Berlín y Moscú

1. El trágico final de Walter Benjamin arroja luz sobre su empeño en recuperar episodios de su propia vida, intento abocado al fracaso no tanto por las páginas que urdió para ello como por la melancólica certeza de que "envejecer, morir, es el único argumento de la obra", según nos dejó dicho Gil de Biedma y confirmó él mismo en Port Bou. Entre las obras de filosofía y crítica literaria de Benjamin, hay dos libros de indagación personal: *Infancia en Berlín hacia 1900*, y *Diario de Moscú*, donde recoge sus días en la capital soviética; en el primero, Benjamin iba en busca de su niñez y lo escribió muchos años después; en el segundo, corría tras una mujer, Asja Lācis, y apuntaba como un escrupuloso notario el quehacer de cada día, hasta los sucesos y las cuestiones más nimias.

Benjamin viajó a Italia, a París, a Ibiza, al Capri donde habían recalado Gorki y Lenin; a Nápoles, anotando y mezclando los más variados asuntos, como el *paseante solitario* de Rousseau. Vivió en Berna y en Frankfurt, donde conoció a Adorno y a Kracauer, y en 1924 viajó por la geografía de la inflación alemana; al año siguiente lo hizo en un vapor que se dirigía desde Hamburgo a Italia, pasando por Barcelona (ve la urbe desde el mar: "el sol se ponía detrás de la ciudad y parecía licuarla. La vida parecía extinguirse en los espacios de tonos pálidos que separaban el follaje de los árboles, el cemento de los edificios y los roquedales de los montes lejanos"), y llega a Nápoles, buscando los fogonazos de magnesio, las calles que recogen las ausencias, la transparencia del sueño enredado entre paisajes urbanos. En 1926 vuelve a París, y el *ocioso paseante* de su *Einbahnstraße* (libro que dedicó a Asja), el veraneante en la Ibiza de 1932 que encuentra consuelo en una pintora holandesa, Anna Maria Blaupot, se convierte en 1933 en un fugitivo, que está ya en el camino del exilio, como Bertolt Brecht (a quien había conocido por medio de Asja, que había colaborado con el dramaturgo en Múnich) al que fue a visitar varias veces a Dinamarca. En la capital francesa, Benjamin conoce a Hannah Arendt. Finalmente, vuelve a París, para emprender después la huida definitiva tras la caída de Francia en 1940.

Walter Benjamin siempre vivió en Berlín, hasta que tuvo que huir del nazismo. Cuando empezó a escribir *Infancia en Berlín*, Hitler aún no había llegado al poder pero las escuadras nazis empezaban a desfilar por las calles. Aquel Berlín de su infancia ya no existía entonces: había pasado por la *Gran Guerra*, había padecido la feroz represión sobre la revolución *espartaquista* y el intento de exterminar al joven Partido Comunista alemán asesinando a miles de militantes, y después pasó por la impotencia de Weimar hasta la llegada de los *camisas pardas*. Todo cambiaría en pocos años: en 1932, Benjamin es un hombre maduro, atormentado: piensa incluso en el suicidio. Ya era amigo de Gershom Scholem, el cabalista judío a quien escribía con frecuencia y que le tentó con el traslado a Palestina.

Los años de desfiles militares del Káiser que Walter Benjamin veía en el Berlín de su infancia, acabaron convirtiéndose en los marciales cortejos de antorchas nazis que iluminaron el fanatismo al paso alegre hacia la guerra. "Lo que busco realmente es ella misma, toda la infancia", escribe Benjamin a propósito de su nostalgia por los juegos de letras y de su temprana inclinación a leer y escribir. Fue un niño miope y enfermizo, a quien el médico prohibía leer durante los episodios de la enfermedad; para eludir la orden, ocultaba los libros bajo la almohada, los que conseguía en la biblioteca de la escuela y que le llevaban al Transvaal, a Bagdad, Crimea, El Cairo y Babilonia.

Benjamin recrea ese Berlín de inicios del siglo XX cuando iba a ver lo que, años después, calificaría como "la belleza de lo principesco", donde vivía su amiga Luisa von Landau en el Lützowufer, junto al Landwehrkanal, ese desvío del Spree donde arrojarían el cadáver de Rosa Luxemburg en 1919 y donde Marianne Breslauer fotografió el puente, en 1930, que se llevaría la Segunda Guerra Mundial. Benjamin se entretenía en el cauce, como si le asaltara, sin saberlo, la premonición del asesinato futuro de Rosa Luxemburg en ese Landwehrkanal donde "las aguas fluían oscuras y lentas, como si se tratasen de tú a tú con toda la tristeza del mundo. Inútilmente, cada uno de los muchos puentes estaba desposado con la muerte por el aro de un salvavidas."

En ese Berlín brumoso, Benjamin es un niño judío que captura sin saberlo imágenes, sensaciones y gestos que después dejará en sus páginas, que escucha los relatos de su madre, aunque apenas alcanzará a conocer la historia de sus antepasados; que inicia a hurtadillas expediciones a la biblioteca familiar, para leer sin comprender, que indaga en el misterio oculto de los armarios; el niño en su logia como si fuera un sepulcro. Se levantaba temprano, a las seis y media, y miraba a la criada asar una manzana en el horno, antes de ir a la escuela a las clases de la profesora señorita Pufahl, mujer puntual y aplicada, donde acudían los niños burgueses y alguna pequeña noble, como su amiga Luisa von Landau. Su existencia transcurría entre el olor a lavanda del armario de su madre, y el pupitre especial recomendado por el médico para el niño miope, que se convertiría en su lugar predilecto, donde guardaba libros, sellos y postales, incluso un sable de húsar y su caja de herborista; a veces, pendiente del galope de los bomberos, que le prometía ver incendios, accidentes, siempre inclinado a la visión de catástrofes; se deslizaba entre las visitas a las tías enclaustradas, que habían abandonado el mundo y permanecían

91

encerradas en sus casas, como la tía Lehmann que, solícita, le ponía ante los ojos una caja de cristal que simulaba una mina llena de vagonetas y linternas, reflejo de un intimismo *Biedermeier* que había perecido medio siglo antes de que el niño Benjamin observase los tesoros de sus tías. A su abuela materna, viuda, una mujer que había disfrutado de cruceros y de caravanas al desierto, iba a visitarla al Blumeshof para apoderarse de las galerías domésticas y espiar la existencia de otros, porque la vida siempre está en los demás.

Era una ciudad sin puertas, donde se desbordaba la existencia silenciosa de los niños burgueses que veían a los patinadores del lago en el Tiergarten, donde también él se demoraba, y las charangas que Benjamin escuchaba en su retorno a casa, que descubrían a los desocupados que miraban pasar las barcas apoyados en el pretil de los puentes; era la sorpresa de la navidad que traía golosinas y limosnas para los pobres, que en el infantil mundo burgués era equivalentes a mendigos, y no a trabajadores explotados; el sonido de los organilleros y las luces de las velas. Era también la isla Pfaueninsel sobre el río Havel, donde los pavos reales reinaban junto al castillo blanco de Federico Guillermo II, los Hohenzollern que habitaban los palacios de Postdam, justo al lado de donde el niño Benjamin pasaba los veranos; el escenario de los primeros paseos en bicicletas imposibles de grandes ruedas delanteras y mínimas detrás, por los caminos de Kohlhasenbrück, apenas a un kilómetro de distancia de la mansión donde los nazis celebrarían años después la Conferencia de Wansee de la *solución final*; y las excursiones por las cabañas ahumadas de Glienicke, junto al que sería el *puente de los espías* durante la Guerra Fría, donde la Unión Soviética y Estados Unidos intercambiaron al coronel soviético Rudolf Ivánovich Abel por el piloto espía norteamericano Gary Powers del U-2, entre otros.

Benjamin pasaba por el Landwehrkanal para ir al Panorama Imperial, que se había abierto siguiendo la moda del inaugurado por Daguerre en París tras los pasos del pintor Prévost; iba a ver lugares

92

y países remotos, aunque a veces tuviera conocimiento de ellos, miraba la pantalla del mundo y la acumulación de escenas novedosas le impulsaba el propósito de volver al día siguiente; envuelto en la soñadora luz de gas que encendía la vida; escuchaba las conversiones de los primeros teléfonos de dos auriculares como extraños sonidos de la noche, colgados siempre en lugares oscuros en las casas, de donde surgían los alarmantes timbrazos antes de que el aparato entrase en la vida de las salas burguesas. El niño Benjamin recorría también ese canal en una calesa para iniciar los viajes de verano, deteniéndose en la estación de Anhalt para ir a las dunas del Báltico, y de nuevo, en la vuelta a casa, para encontrarse con los muebles y lámparas cubiertos por las sábanas blancas de la ausencia. De aquella magnífica estación de Anhalt, apenas queda ahora un porche de tres arcos y unas paredes con ojos de buey, al sur de la Potsdamer Platz berlinesa, situados junto al negocio de unos mercaderes de la historia que han construido sin rigor, en un viejo refugio de la guerra, una réplica de la oficina de Hitler en su búnker. No lejos de allí, al fondo de la Friedrichstrasse, estaba Hallesches Tor, cuya postal tranquilizaba al niño Benjamin en su vuelta a casa.

Benjamin nos muestra el comedor de sus padres, observa los objetos que le rodean desde su lecho de enfermo, la vitrina con mariposas del jardín de Brauhausberg (situado junto al Postdam azul donde iba a pasar la vacación) prisioneras del éter y los alfileres de herborista; miraba las puertas giratorias del mercado de la plaza de Magdeburgo, donde reinaban las matronas entre barriles, romanas y balanzas, y se detiene un momento en el pecado de la sífilis que había causado la muerte de un familiar, trocada por su padre en un paro cardíaco. En esas páginas, recrea Tiergarten y la columna de la Victoria en Sedán, entonces plantada frente al *Reichstag*: era el signo del nuevo poder teutón de Bismarck y Guillermo I. En la columnata circular de la que emerge el fuste de la Victoria, Benjamin veía los reflejos dorados de los frescos que la adornan, y, a sus ojos, la gente que frecuentaba la columna de la Victoria berlinesa parecía envuelta en un domingo eterno, o en un signo más inquietante aún, en un día de Sedán interminable. Y la Tauentzienstrasse (que ahora se asoma a los restos de la iglesia del Káiser Guillermo, arruinada durante la guerra de Hitler) donde el pequeño Benjamin estuvo en 1902 para ver entre la multitud a Paul Krüger, el presidente del Transvaal sudafricano recostado en el coche con su chistera, que había perdido la guerra de los bóers ante Kitchener.

Cuando escribe esas páginas de Berlín, Benjamin se ha convertido en espectador de su propia vida, en cazador del mundo donde transcurrió su infancia, en guardián del desaparecido universo burgués que arrasó la *Gran Guerra*. Era también una Alemania de desfiles.

2. Las páginas moscovitas, escritas antes que los recuerdos berlineses, tienen otro carácter. Mucho antes de recoger esas fatigas infantiles entre la nieve y los días deslumbrantes de los veranos, Benjamin escribió: "Para el que llega de Moscú, Berlín es una ciudad muerta". Viaja a la capital soviética el 6 de diciembre de 1926, y permanece durante dos meses, hasta el 1 de febrero de 1927. En ese momento, es un hombre joven: tiene treinta y cuatro años, y está casado desde 1917 con Dora Sophie Pollack, unión que mantendrá hasta 1930, pese a la temprana ruptura sentimental. Va al país de los sóviets tras Asja Lācis, una letona bolchevique que dedicaba su vida al teatro y que estaba internada en un hospital moscovita: pese a la recomendación médica de ingresar en un sanatorio en el bosque, Asja se había quedado en Moscú para esperar a Benjamin. Se habían conocido dos años antes, en Capri, en mayo de 1924, cuando Asja iba acompañada de Bernhard Reich, y de la hija que tuvo con Jūlijs Lācis, Daga, enferma. Capri, donde Benjamin había coincidido también con Sophia Krilenko, hermana del Comisario del Pueblo de Justicia, estará para él "siempre ligado a Asja",

94

escribe en Moscú. En esa ocasión, pese a la atracción que sentía, Benjamin se negó a acompañarla a Asís y Orvieto, aunque estuvo con ella en Nápoles. La volvió a ver en Berlín en 1925; entonces, Benjamin se negó a acompañarla a Letonia; en cambio, fue a verla a Riga al año siguiente.

Siempre mantuvo con Asja una relación difícil, y su pasión no siempre fue correspondida. En 1926, Benjamin ha ido a Moscú a verla, pero huye también de "la mortal melancolía navideña". Además, quiere conocer la revolución soviética, y decidir sobre su incorporación al Partido Comunista alemán: sólo son "dudas externas las que me impiden ingresar en el KPD", anota, aludiendo a su precaria situación económica para seguir escribiendo, constatando que el ingreso le daría una "posición segura", aunque "ser comunista en un Estado bajo el dominio del proletariado supone renunciar completamente a la independencia personal"; por el contrario, en países donde domina la burguesía, la militancia supone estar con la clase oprimida, con las consecuencias que puede tener. Benjamin se inclina por ingresar en el partido, pero cree que no puede hacerlo mientras siga viajando. Su hermano Georg, que morirá asesinado en Mauthausen, era miembro del Partido Comunista alemán desde 1922.

Cuando Benjamin llega a Moscú, lo está esperando el dramaturgo Bernhard Reich, compañero de Asja Lācis; con él conversa sin descanso sobre Rusia, el teatro y la revolución. Reich no tiene trabajo e intenta abrirse paso en una ciudad donde todo está cambiando. A su vez, Asja escribía entonces para un periódico comunista que se distribuía clandestinamente en la Letonia de Kārlis Ulmanis que se dirigía velozmente hacia la dictadura. Durante su estancia en Moscú, Benjamin visitará a Asja casi cada día en el sanatorio.

Benjamin vive en un hotel de la Sadovaya-Triumfalnaya. Habla con algunos directores y escritores (Viktor Shestakov, Aleksandr Granovski, Aleksandr Bezimenski; Jakob Grommer, que había trabajado con Einstein), sigue traduciendo a Proust (*El mundo de Guermantes*; antes, ya había traducido otros dos volúmenes de *En busca del tiempo perdido*, con el escritor Franz Hessel, amigo suyo). Como si estuvieran unidos en la desventura, unos años después, Hessel, huyendo de los nazis, será internado en un campo de concentración del sur de Francia (Les Milles, como el escritor comunista Lion Feuchtwanger) donde sufrió un derrame cerebral que le causó la muerte en 1941, apenas tres meses después del suicidio de Benjamin. En Moscú, Benjamin escribe su artículo sobre Goethe para la *Gran Enciclopedia Soviética*; cena con Joseph Roth (que viajaba entonces durante varios meses por la Unión Soviética comisionado por el *Frankfurter Zeitung*), a quien ya había visto en París y de quien toma distancia ahora: Benjamin lo cree monárquico, y considera que tiene "un desagradable aspecto de husmeador". Habla con Evgeni Gnedin, hijo de Parvus y encargado de Europa central en el ministerio de Exteriores soviético; asiste a un debate de Lunacharski, Maiakovski, Meyerhold, Valerian Pletnev, Andréi Bieli, Mijaíl Levidov. En Moscú, Benjamin verá la publicación en *Die literarische Welt* de su comentario a la edición de las cartas de Lenin dirigidas a Gorki.

Recoge con minuciosidad sus conversaciones, paseos, gestiones, merodeos por la Tverskaia, casi diariamente, aunque las últimas notas, desde el 29 de enero de 1927, las escribe ya en Berlín. Se fija en las habitaciones donde vive mucha gente, acuciados por el problema de la vivienda; y recuerda las minucias: una conversación sobre un chal italiano, un regalo de Toller; va a *Dom Gerzena*, sede de los escritores proletarios; a ver *La novia del zar*, de Rimski-Korsakov, que había puesto en escena Stanislavski; y *El inspector general* (que Benjamin cita como *El revisor*), de Gogol, en un montaje de Meyerhold. Asiste a *Petruschka*, de Stravinski; también, a la puesta en escena de Meyerhold del drama *El bosque*, de Ostrovski; va a ver la obra de Bulgákov, *Los días de los Turbín*, que dirigió Stanislavski: Benjamin considera que la pieza de Bulgákov (basada en su novela *La guardia blanca*, ambientada en los días de la guerra civil con el ejército contrarrevolucionario en Ucrania) es "una provocación absolutamente subversiva", y cree justificada la oposición de los comunistas a la obra, como también critican el montaje de *El inspector general*.

A Benjamin le sorprende que, junto a la libertad del teatro, el cine esté mucho más controlado por la censura bolchevique. Al mismo tiempo, constata que con la NEP algunos individuos han acumulado fortunas y, aunque no pone en duda su necesidad, ironiza jugando con el significado de *nepp* en alemán: estafa. Así, para él, los *NEP-man* "son el contrapunto del comunismo heroico de guerra: la especulación heroica". En el ámbito artístico, ve las obras de Lariónov y Goncharova, pero las considera sin interés. También asiste al cine para ver *La Madre*, *Potemkim*, y otras películas, y visita la galería de Shchukin, donde contempla la amplia colección de pinturas de Matisse, Gauguin, Picasso, Derain, Van Dongen, cuyas obras serán repartidas después de la guerra, por orden de Stalin, entre el Museo Pushkin de Moscú y el Ermitage de Leningrado.

Benjamin es un peculiar *flaneur*, como Baudelaire y Kracauer, que abordaron el universo parisino como él, el paisaje de la soledad, y como Walser. A veces, incluso se debate en el territorio inhóspito donde la escritura es el único refugio. Le gusta el silencio de Moscú, que la nieve acrecienta, y extrañamente encuentra que algunos de sus arrabales son muy parecidos al barrio portuario de Nápoles. Intenta visitar la Galería Tretiakov, pero se pierde por la orilla izquierda del Moscova. Cuando, por fin, consigue visitarla, le llama la atención la asistencia de obreros, a diferencia de lo que ocurre en los museos occidentales. Anota su sorpresa por los constantes cambios de sede de los organismos oficiales, y museos. En el Kremlin, los cuidados edificios le evocan, de manera insólita, a Mónaco, y le produce gran impresión la catedral de Blagovéschenski, cuyas cúpulas doradas surgen tras la Plaza Roja "como si salieran de detrás de una montaña"

Padece el frío moscovita, aunque, a veces, en su habitación, el calor sea agobiante; y le sorprenden las aceras estrechas de la ciudad, la abundancia de relojeros, la necesidad de caminar con galochas; y los trineos en las calles, los patios de Moscú. Insiste en buscar juguetes y muñecas; juzga que el servicio telefónico es mejor que en Berlín o París; le llaman la atención los adornos navideños y las voces melancólicas de los traperos; los chinos que venden flores de papel, los mongoles que ofrecen carteras de cuero en el Kitai-Gorod (el *barrio chino* junto a la Plaza Roja), se fija en los pasajes y galerías, en los talleres de *valinkis*, las botas de fieltro imprescindibles; en las canciones de los miembros del *konsomol*, en las vendedoras de mercado con su mercancía protegida del frío por un paño; admira las cruces de las cúpulas de las iglesias bizantinas que "parecen pendientes colgados del cielo". Come en un restaurante vegetariano, ilustrado con frases alusivas: "Dios no existe", "La religión es un invento"; presencia un juicio, y ve las dependencias de una residencia para campesinos que viajan a Moscú en *kommandirovka* o comisión de servicio; ve las modestas tiendas, aunque le impresiona el magnífico *Gastronom* número 1 en la calle Tverskaia; y se detiene ante la sombría iglesia de Nuestra Señora de Kazán, junto a la Plaza Roja; y en el mercado de Sújarev, donde se hallaba la torre que derribaron en 1934, y cuyo barrio (la Sujarevka) de ciegos, ladrones, desertores, ascetas y mendigos describe Ehrenburg. Sorprenden a Benjamin las paradas de imágenes de santos (es la primera vez que los ve en Moscú) junto a retratos de Lenin; viaja en tranvía sin saber por dónde va: los cristales están siempre entelados y cubiertos de hielo por el frío; le sorprende que todo se venda en la calle, a veinticinco grados bajo cero, "como si fuera un verano napolitano", compra muñecas en los almacenes GUM de la Plaza Roja. Y repara en las dificultades para cumplir los objetivos, que dominan la vida cotidiana, algo que lleva a Benjamin a comprender el fatalismo ruso. En su hotel, las conversaciones con los empleados (que denominan "suizos") son dignas del diálogo más absurdo de los hermanos Marx. El 21 de

98

enero, aniversario de la muerte de Lenin, comprueba que los locales de esparcimiento están cerrados.

Sin embargo, pese a esa deslumbrante, a veces agotadora, sucesión de calles, personajes, impulsos, ideas y proyectos que encuentra en Moscú, Benjamin está siempre pendiente de Asja. A veces tiene dificultades para verla, a causa de las normas del sanatorio, o, peor aún, ella se resiste a sus intentos, a sus caricias: "Cuando entró, traté de besarla. Como de costumbre, no lo logré." Después, será más afortunado, incluso se atreverá a hablarle de tener un hijo juntos. A principios de enero, una agria discusión con Reich, de quien depende Benjamin para muchas gestiones, lo lleva a la conclusión de que es hora de abandonar Moscú. Se reconcilia, de nuevo, con Asja, y gracias al dinero que le envía su mujer, Dora, Benjamin puede prolongar unos días su estancia en Moscú. La relación con Asja no dejará por eso de ser dificultosa, aunque seis días antes de su partida, ella le confiesa que le gustaría que ambos viviesen juntos en Grunewald, y, en las últimas jornadas, el escritor debe añadir a la presencia constante del compañero, Reich, un general del Ejército Rojo que corteja a Asja con insistencia. El 1 de febrero Benjamin parte de Moscú. Se despide de Asja entre lágrimas; anochece mientras su trineo avanza por las calles hacia la estación.

3. Walter Benjamin había revelado a su amigo Reich, el compañero sentimental de Asja, sus tres reglas de oro para escribir un artículo; una, decía: "la primera y la última frase han de ser muy buenas; lo del medio, no importa". No era así. Él mismo fue un escritor cuidadoso, reflexivo, como cuando visitó a Brecht en Svendborg en 1934, 1936 y 1938: Ruth Berlau, que probablemente tomó las fotografías donde se ve a ambos escritores jugando al ajedrez en el jardín, revelaría después que Benjamin anotaba siempre sus conversaciones con Brecht. Benjamin había pasado por Dora Sophie Kellner (con quien tuvo a su hijo Stefan), y por Jula Cohn, con quien se reencontró en 1921, además de por Asja Lācis, un amor poco afortunado: apenas vivió dos meses con ella, cuando Asja estuvo en Berlín dos años desde 1928. Muchos años después, Asja Lācis dejó sus memorias, *El clavel rojo*, dedicando páginas a Benjamin. Era inevitable.

Benjamin escribió sus recuerdos infantiles décadas después del siglo nuevo que miraba con ojos de niño, y lo hizo con esmero, atento. Buscando un mundo perdido, volvió a esos recuerdos infantiles cuando ya la guerra asomaba en el horizonte, en 1938; en cambio, anotó los días del Moscú revolucionario de inmediato. Aquel universo seguro donde había transcurrido su infancia, aquel mundo de ayer, como el de Stefan Zweig o el del imaginario burgués de Proust, había desaparecido ya para siempre. Cuando escribe sobre Moscú va en busca del amor de su vida, cuando lo hace sobre el Berlín que iniciaba el siglo XX, Alemania se dirigía ya hacia la guerra; entonces, Benjamin perseguía su infancia: convertido en el niño que miraba los patios berlineses, no sospechaba que, agazapada en la frontera, le esperaba la morfina que le dictó el final.

El reloj de Tolstói

La casa de Tolstói en Moscú se encuentra en la ulitsa Lva Tolstovo, junto a Komsomolski Prospekt, en el barrio de Jamóvniki. Durante su vida se llamaba Dolgohamovnicheski y fue centro de la industria textil de la ciudad, como denota la cercana iglesia barroca de cúpulas doradas de San Nicolás de los Tejedores, y aquí o a la casa de Yásnaia Poliana llegaban admiradores y seguidores de sus ideas, desde campesinos a personajes de la corte, pasando por periodistas rusos, franceses o británicos o por productoras cinematográficas como Société Pathé Frères que rodó entre 1908 y 1910 un curioso documental sobre el escritor donde se ve a Tolstói caminar sobre la nieve o ir a buscar agua, sobre patines, a la plaza Krymskaya de Moscú. Aunque vivió casi siempre en Yásnaia Poliana, Tolstói compró esa casa moscovita de madera en 1882, y vivió en ella casi veinte años, alternándola con la finca de Tula, hasta 1901. Diez hijos suyos vivían en Moscú: Tatiana, María, Alexandra, Serguéi, Ilia, Lev, Andréi, Mijaíl, Alexéi y Vanechka.

Desde aquí, Tolstói salía a pasear a caballo, y cuando colaboró en la elaboración del censo de 1882 iba al barrio de Jitrovka, lleno entonces de burdeles y delincuentes, esperando encontrar remedio a la podredumbre social del zarismo.

Desde entonces, el tiempo se ha detenido en esa casa. Tras una pequeña recepción, enseguida se pasa al comedor de la planta baja, puesto para doce personas, con la vajilla azul que gustaba al escritor, un aparador para loza, y un reloj de cuco presidiendo la estancia. Frente al plato de Tolstói, su vaso y su sopera: era vegetariano. En ese comedor le hizo su busto Pável Trubetskói en 1898. Al lado, en la habitación de la esquina, está el piano de cola, un billar chino, un sofá con mesa y lámpara, y un canapé. A la izquierda, una sala con un escritorio, que muestra manuscritos originales. Tras un biombo, la cama, y, junto a ella, un balancín, un batín, una mesita con palanganas y el jarro de agua: es el dormitorio de Sofía Andréievna y Tolstói. Ella, tenía una mesita para hacer punto de cruz.

Más allá, la habitación de los niños: Alexéi, que murió con cuatro años; y Alexandra. Una mesa con trabajos escolares, plumas, tampón. Un caballito de madera, una muñeca, un baúl y dos camas. Al lado, otro aposento, para las criadas, y una estancia para niños, que da al patio, mirando a la calle: una mesa con un globo terráqueo, un reloj de campana, libros, armario y el aguamanil para lavarse. Después, la habitación de Tatiana: es la más bonita. Dos butacas doradas, dos mesitas, muchos cuadros en las paredes, todas pintadas de color rosa, y numerosos portarretratos, y una caja para la correspondencia, con llave. Después, el visitante se encuentra un rincón con armario-mostrador para el samovar, y para guardar vajilla, que tiene un quinqué en la pared.

Junto a la escalera, el abrigo de Tolstói, forrado con piel. Arriba, la sala con un piano de cola, y partituras de Haydn, Chopin y Beethoven. Es grande, espaciosa, presidida por una gran chimenea, aquí lo visitó Rimsky-Korsakov. Hay una mesa para diez comensales, dispuesta; un canapé y seis sillas con almohadillados dorados ante un ajedrez, y todavía más asientos en la sala. Después, otra gran estancia con mesas y sillas, una cama turca habilitada como sofá: en ella, podían sentarse hasta doce personas; y una gran alfombra. En ese piso superior, están los dormitorios: el de María, *Masha*, tiene un biombo.

Al lado, la habitación para la modista, muy pequeña, con un maniquí y dos minúsculas camas. Y una tercera habitación, diminuta: solo cabe una cama, baúl, mesa y silla, y una estufa.

El estudio de Tolstói es inhóspito. Una mesa con una pequeña baranda en los bordes, un sofá y seis butacas negras, y un armario al que los vigilantes de la casa no dejan acercarse. En la mesa, dos palmatorias, tinteros, secador, plumas, y un periódico y una carpeta, como si la víspera Tolstói hubiera dejado todo preparado. Aquí escribió *Resurrección*, que acabó con más de setenta años, *La muerte de Iván Ilich* y *La sonata Kreutzer*, y trabajando en esa mesa le hizo Nikolái Ge su célebre retrato de 1884, y P. V. Preobrazhenski le fijó en una fotografía de 1898 que casi parecen la misma escena. La mayor parte de sus libros se encuentran en Yásnaia Poliana, donde guardan más de veinte mil volúmenes, muchos de ellos en francés.

Al lado del estudio, un espacio para la ropa, con perchero; otro para los zapatos, y una bicicleta que utilizó siendo ya un anciano. Escondido tras un armario, un aguamanil y dos sillas. Y unas botas que hizo el propio Tolstói. Desde esta casa, fue a pie, tres veces, hasta Yásnaia Poliana.

* * *

La edición soviética de sus obras completas, que se terminó en 1958, llenó noventa volúmenes y está disponible en internet, y la colección de sus diarios y de su correspondencia a lo largo de casi setenta años, que tradujo la eslavista mexicana Selma Ancira al castellano, da cuenta de sus preocupaciones, de su vida de noble: escribió sus diarios hasta unos días antes de morir. Consiguió una inmensa celebridad en Rusia y en toda Europa. Stefan Zweig creía que Tolstói había sido el escritor más fotografiado, aunque las imágenes no estuvieran disponibles: en el Museo Tolstói se conservan más de doce mil; muchas, con escenas de su familia, tomadas por su editor, Vladímir Chertkov, con quien mantenía una gran amistad y relación:

Tolstói le escribió tantas cartas, que llenan cinco volúmenes de sus obras completas.

Pavel Ivánovich Biriukov publicó su biografía en vida de Tolstói, que pudo corregir y revisar el texto, acompañada de documentos, cartas y fragmentos del diario que escribió durante toda su vida. Anotó en él sus quehaceres, sus intereses; durante sesenta años escribió en sus páginas, aunque a veces dejó de hacerlo, como en la década larga entre 1863 y 1877: la escritura de *Guerra y Paz* entre 1863 y 1869, y *Anna Karénina*, entre 1873 y 1877 lo absorbía. De manera que pueden seguirse su evolución y sus preocupaciones: apunta sus tropiezos, como cuando con menos de veinte años contrajo la gonorrea por frecuentar prostitutas, o cuando se entregó al juego en sus años de milicia. También las páginas que escribió su mujer, Sofía, son relevantes para ver su evolución. Tolstói era absorbente. Biriukov estuvo a punto de casarse con Masha, la hija predilecta de Tolstói, pero el escritor no quiso renunciar a ella, que copiaba sus manuscritos, atendía su correspondencia, trabajaba en las tierras de la familia. También impidió que se casase con Petia Raievski, un amigo de la familia, y con Nikolái Zander, un maestro a quien Masha se resistió a renunciar. Finalmente Masha pudo casarse con Nikolái Leonídovich Obolenski, un príncipe arruinado. En 1906, Tolstói vio morir a su querida hija, muerta con solo treinta y cinco años.

Sus padres murieron cuando Tolstói era un niño. En 1837, la familia Tolstói se traslada a la *ulitsa* Pliushchikha, en Moscú, donde vive su infancia, primero con su padre y después con su abuela, y en 1841 los llevan a Kazán, donde viven con su tía Pelagheya I. Yushkova, casada con un terrateniente de la región; y donde tres años después ingresa en la Universidad, primero en la facultad de Filosofía para estudiar literatura árabe-turca y después en Derecho, que abandona en 1847, sin culminar sus estudios. Tiene inquietudes religiosas, viaja con frecuencia a Moscú, frecuenta prostitutas, lee a Rousseau y a Dickens. Con veintiún años decide estudiar

Derecho en San Petersburgo, con la intención de "quedarse para siempre" pero abandona al año siguiente, cargado de deudas. El 8 de diciembre de 1850 escribe en su diario, confuso pero decidido a cambiar: "Dejé de hacer castillos y planes españoles"; a finales de año se instala en Moscú, y en abril de 1851 recorre el Cáucaso con su hermano Nikolái, oficial del ejército zarista, y él mismo se incorpora en enero de 1852. Vive en Tiflis, lee a Platón, a Rousseau, a Dickens, y en marzo de 1854 va a Bucarest con el ejército, y al año siguiente a Sebastopol, donde recibe la primera carta de Turguénev aconsejándole que abandone el ejército y cultive la literatura.

En casa de su abuela, Tolstói escuchaba a un ciego que explicaba las historias de las mil y una noches, una de sus influencias tempranas: tal vez por eso escribió su trilogía *Infancia, Adolescencia*, y *Juventud*, publicadas entre 1952 y 1856, aunque esas páginas son más un conjunto de relatos que recuerdos reales, que también incorpora. En 1854 su compañía va a la guerra de Crimea (donde Rusia se enfrenta a Gran Bretaña y Francia) y lucha en Sebastopol, de ello surgirán sus *Relatos de Sebastopol*. Cuando cayó la ciudad, el 27 de agosto de 1855, la víspera de su cumpleaños, Tolstói tenía bajo su mando cinco cañones de batería; consideró una tragedia la derrota, un hecho que recordó durante toda su vida.

En noviembre de ese año fue a San Petersburgo, donde conoció a Turguénev, Nekrasov, Ostrovski, Goncharov, y un año después se licenció de la milicia. Era ya conocido en los círculos literarios, que le disgustaban. En febrero de 1857 inicia un viaje por Europa: Francia, Italia, Suiza, Alemania; llega a París, donde lo reciben Turguénev y Nekrásov y donde presencia una ejecución en la guillotina. Durante mes y medio frecuenta a Turguénev en la capital francesa, aunque tienen diferencias; en su diario, Tolstói escribe sobre él: "Es un hombre frío e inútil, aunque inteligente, y su arte es inofensivo". Después, va a Lucerna, Berlín, Varsovia. En Baden-Baden pierde todo su dinero en la ruleta, y en julio tiene que regresar en un vapor a San Petersburgo: ha dilapidado sus recursos. En 1860 viajó al sur de Francia, por la muerte de su hermano Nikokái. Volvió más tarde a Europa: de 1861 es el conocido daguerrotipo de Tolstói en Bruselas. Ese año, una disputa con Turguénev le lleva a romper con él, con quien no se reconciliaría hasta diecisiete años después.

En 1862 Tolstói recorre de nuevo Europa y conoce en Florencia a Serguéi Volkonski (un general que había pasado treinta años exiliado en Siberia tras el fracaso decembrista, y que le servirá de inspiración para el personaje de Andréi Bolkonski de *Guerra y paz*), y en Londres a Herzen y a Dickens. En los años siguientes, Tolstói escribe y procura la emancipación de los siervos de su hacienda, que es acogida por estos con desconfianza. Años atrás, en San Petersburgo, Tolstói ya había empezado a escribir un plan para la liberación de los campesinos en sus tierras de Yásnaia Poliana y Gretsovka, proyecto que desarrolló en 1856, mientras negociaba las condiciones con ellos, que tenían un temor de siglos sobre las intenciones de los terratenientes. La abolición de la servidumbre por Alejandro II en 1861 dejó a muchos campesinos sin trabajo y sin saber qué hacer. Tolstói creó entonces una escuela para los hijos de los *mujiks* en sus tierras de Yásnaia Poliana, donde él mismo impartía clases.

En 1862 desposa a Sofía Andréievna Bers, una joven de dieciocho años, en la iglesia de la Natividad del Kremlin moscovita, con quien tendrá trece hijos, y una relación difícil que les llevó casi hasta el divorcio, y serias diferencias: tras el nacimiento de su hija Masha, que casi causó la muerte de Sofía Andréievna, Tolstói rechazó de plano la recomendación médica de que su mujer no tuviese ya más hijos. Cuando se casó, el escritor ya había tenido un hijo, Timofei, con una campesina, Aksinya Bazikina, esposa de uno de sus siervos; el niño se educó en la escuela del propio Tolstói y después trabajó como cochero en su finca. En esos años, interviene en asuntos políticos, critica el despotismo zarista y los atropellos del gobierno. De hecho, hacía años que la policía zarista lo vigilaba, como des-

106

pués la censura le prohibió artículos y libros, y tras las protestas de otros nobles que acusaron a Tolstói de favorecer a los campesinos, los gendarmes llegaron a registrar su casa, en 1862, en busca de una imprenta secreta.

En *Guerra y paz*, que había iniciado pensando escribir una novela sobre los decembristas y el retorno de exiliados de Siberia, acaba esculpiendo el gran friso sobre la guerra napoleónica y la Rusia de Alejandro I. Trabaja en bibliotecas moscovitas, visita el campo de batalla en Borodinó, el mayor enfrentamiento de las guerras napoleónicas, y consigue terminarla en 1867. Se inspira en miembros de su familia para dibujar el carácter de algunos personajes: el príncipe Bolkonski, recuerda a su abuelo materno, que vivió en tiempos de Catalina II; el príncipe Andréi se basa en un primo hermano de su madre, el príncipe Nikolái Grigórievich Volkonski, que había participado en las guerras napoleónicas; Tatiana, hermana de su esposa, se refleja en la Natasha Rostov, alma de la novela; incluso se fija en sus padres, cuyas cualidades se encuentran en Nikolái Rostov y en la princesa María Volkónskaia. Él mismo apuntó que *Guerra y paz* no era una novela, ni un poema o una crónica histórica, aludiendo de paso a su desdén por las formas canónicas en la literatura europea, porque creía que desde Pushkin la literatura rusa (citaba como ejemplos *Almas muertas*, de Gógol, y *La casa muerta* de Dostoievski) se "desvía de las formas europeas". Las ilustraciones de *Guerra y paz* y de *Resurrección* fueron realizadas por su amigo Leonid Pasternak, padre del novelista. También alude a su familia en otras obras: rasgos de su hermano Dmitri se encuentran en el hermano del Levin de *Anna Karénina*.

Sus frecuentes depresiones le hacen dudar de sí mismo, porfiar con su mujer y sus hijos, refugiarse en Schopenhauer y en un misticismo cristiano e inquietud espiritual que le llevan a rechazar incluso la escritura: hacia 1869, repudia la literatura y deja de escribir; la crisis que le abruma, ante un mundo que considera que debe cambiarse, le lleva a rechazar sus propias obras, a arrepentirse de haberlas escrito, aunque cuatro años después inicia *Anna Karénina* que no terminará hasta 1877, sin dejar por ello sus ocupaciones espirituales que se expresan en obras como *Confesión* o *Mi fe*. Toma como modelo para la heroína de su novela a María Alexandrovna Hartung, la hija mayor de Pushkin; a quien conoció en Tula, en 1868, y el destino de Anna Karénina se inspira en el suicidio de la amante de un vecino suyo, Anna Stepanovna Pirogova, que, abandonada, se lanzó bajo un tren de carga. Esa historia de Anna y el conde Vronski se publicó en 1878, dejando paso después a una profunda depresión de Tolstói.

Estudia griego para leer a Homero y Platón, y se enorgullece de leer en el original a Jenofonte, como estudió hebreo, para leer la Biblia; también, física, astronomía, y llega a escribir artículos sobre esas materias. Lee también a Erasmo, Agustín, Emerson, Montaigne. Un pleito por la muerte de un pastor le lleva a planear irse a vivir a Inglaterra, se preocupa por la pobreza del pueblo ruso, que observa en los barrios moscovitas, y su peculiar religión atrae a los curiosos que se acercan a su casa. Transcurre casi una década hasta que publica, en 1886, *La muerte de Iván Ilich*. En 1887, Nikolái Leskov lo visita en Moscú, y Tolstói conoce a Tomáš Masaryk. Quiso renunciar a sus propiedades y a los ingresos que le reportaban sus libros, con la oposición de su mujer; era ella quien cuidaba de la hacienda, de los gastos, de las necesidades de los hijos, además de atender la correspondencia de su marido, de copiar sus libros: el escritor pudo dedicarse a sus asuntos, a sus novelas, a su religión laica, mientras Sofía bregaba con la vida, asistida por criados y campesinos. Su obsesión por la lascivia le llevó a escribir: "Tengo que acostarme con mujeres. De lo contrario, la lujuria no me abandona ni un instante". Tuvo siempre esa obsesión, pero en los frecuentes embarazos de Sofía, Tolstói aprovechaba su condición de conde y terrateniente para acostarse con jóvenes campesinas, atribuyendo a su esposa la responsabilidad por no satisfacerle. En esos años, Tolstói se refugia en una consciente austeridad y vida frugal, busca la virtud, trabaja incluso los campos y medita entregar sus tierras a los *mujiks*, mientras su familia continúa la vida ociosa, indolente y despreocupada de la vieja nobleza. Ayuda a los campesinos en los meses de hambruna que se desata en Samara en 1891, y crea comedores en Riazán, reparte leña, ayuda a sembrar. Al mismo tiempo, copia aforismos y pensamientos de escritores de todo el mundo, que recoge en su *Círculo de lectura*.

En 1901 está viejo y enfermo, y es excomulgado por la iglesia ortodoxa, el mismo año en que Ilia Repin, que lo calificó de "la mejor persona del mundo, el alma más delicada", pinta su retrato, vestido con blusa de *mujik*, descalzo en el bosque: Tolstói se ha convertido en un campesino, pero es el señor, el conde. En septiembre se va a Gaspra, en Crimea, a la finca de la condesa Sofía Panina; allí recibe a Chéjov, que estaba en la cercana Yalta, y a Gorki, a Alexandr Goldenweiser, e incluso al gran duque Nikolái Mijáilovich Románov. En los meses siguientes contrae neumonía y tifus, pero consigue recuperarse, aunque meses después cae bajo la gripe. En la revolución de 1905 se pone al lado de los campesinos y critica a Nicolás II por olvidar al pueblo; por eso, dos años después, escribe al presidente del gobierno, Stolipin, pidiendo la abolición de la propiedad de la tierra. No podía extrañar que, en 1908, con ocasión del ochenta cumpleaños de Tolstói, el Santo Sínodo de la iglesia ortodoxa llamara a los fieles a no honrarle en su aniversario. Ese mismo año, Prokudin-Gorski toma su célebre fotografía del escritor, con blusa campesina y botas negras para montar a caballo: la primera en color que se hizo en Rusia. Cada vez padece más achaques, incluso prepara su muerte, y pide a su familia que renuncie a los derechos de sus obras.

★ ★ ★

Su preocupación por la forma de vivir el cristianismo, y la propia figura del Cristo, le llevaron a definir un singular evangelio de cinco mandamientos: en él, Tolstói cree que no se debe ofender a nadie; ni perseguir aventuras con mujeres; ni jurar nunca, porque los juramentos llevan a malas obras; pide aceptar las ofensas y huir de la venganza; y no diferenciar las patrias, porque todos los seres humanos son hijos del mismo padre. De hecho, en su artículo "Cristianismo y patriotismo", escribió que el nacionalismo era "estúpido e inmoral". En la inquieta Europa que recibía el orientalismo, que soportaba la voracidad burguesa y las ciudades negras de la industria, aquella Rusia que llegaba con las novelas de Tolstói, y también con Dostoievski, era un mundo eslavo espiritual que impregnaba la vida y dotaba de una nueva sensibilidad al ánimo fatigado de Europa. En su *Vida de Tolstói*, Rolland escribe que los lectores europeos recibieron sus novelas con emoción porque "jamás una voz como la suya había resonado por toda Europa". Hicieron suya su obra "por su vida ardiente, por su juventud de espíritu. Nuestra, por su desencanto irónico, su implacable lucidez, su obsesión por la muerte. Nuestra, por sus sueños de amor fraternal y de paz entre los hombres." El ascetismo, pero también la corriente nihilista, se expresan en ese peculiar cristianismo de Tolstói que rechaza la riqueza, que siente los pecados del mundo, que se aleja de la iglesia, aunque rechaza cualquier tentación atea. Esa insatisfacción ante la vida real que padecía el pueblo ruso y su búsqueda de un nuevo horizonte donde impere la justicia está en el nihilismo y en el naciente movimiento obrero, y también en la obra de Tolstói, aunque todos tomarán caminos diferentes.

Inclinado a la humildad, Tolstói no rechazaba la gloria. Ese Tolstói moralista, que rechazaba la sexualidad pero tuvo trece hijos, era un singular anarquista fuera de las organizaciones ácratas de su tiempo, contrario a la propiedad privada, solidario con los trabajadores en los años de la guerra ruso-japonesa, hombre fraterno con los campesinos, pero desdeñoso con la capacidad de las mujeres, hasta el punto de rechazar la igualdad de hombres y mujeres; hostil con la Iglesia ortodoxa pero no con la religión, abierto enemigo del ateísmo ("la fe es la fuerza que nos mantiene vivos"), que siente un profundo dolor ante la miserable suerte de los oprimidos, pero noble, al fin, porque podía comunicarse con la familia del zar; pacifista que llegó a influir en Gandhi (con quien mantuvo correspondencia al final de su vida y que llevó al indio a bautizar la cooperativa sudafricana de Durban como Granja Tolstói).

La obsesiva búsqueda de la espiritualidad, los castigos que se infligía, el constante sentimiento de culpa, el lúgubre remordimiento por sentir deseos sexuales, sus sermones sobre las relaciones carnales y la necesaria castidad que exigía, la lujuria que lo perseguía revelan un hombre devoto y exaltado, intransigente y consumido: pretende que los campesinos abandonen el alcohol y no prueben la carne, como hace él, pero también le descubren sinceramente angustiado por la dura vida de los *mujiks*. Su severidad consigo mismo venía de lejos: el 7 de julio de 1854, había anotado en su diario: "Soy tonto, torpe, sin escrúpulos y sin educación. Soy irritable, aburrido con los demás, inmodesto, intolerante y avergonzado desde niño. Soy casi ignorante. Lo que sé, lo aprendí de alguna manera yo mismo, a trompicones, sin comunicación, en vano. Soy incontinente, indeciso, voluble, estúpidamente vanidoso y ardiente, como todos los cobardes".

Chernishevski destacó la "pureza del sentimiento moral" de Tolstói. Lev Nikoláievich fue duro con Shakespeare, como anotó Rolland, no soportaba a George Sand, y tenía a Turguénev en más estima que a Dostoievski, aunque no por ello dejó de tener una relación difícil con el de Oriol, al que reprochaba su vida disipada, siempre en el pecado. Sus fotografías con Gorki y Chéjov, que lo fue a visitar a Yásnaia Poliana en 1895, lo muestran en el mundo, aunque se alejaba de él; en cambio, nunca conoció a Dostoievski, de quien leía *Los hermanos Karamázov* en los últimos días de su vida: el libro quedó en su habitación de Yásnaia Poliana cuando huyó, y todavía se encuentra sobre la mesa.

Huye de su casa el 28 de octubre de 1910, en un carruaje, acompañado de su médico personal, Dushan Petrovich Makovitski; llega a la estación de ferrocarril de Kozlova Zaseka donde toma un tren: quiere ir al monasterio Shamordinski, allí está su hermana la monja Maria Nikolaevna; después, cambia de idea y pretende llegar a Novocherkassk, pero enferma y baja del tren para morir en Astápovo, un pueblecito al que la revolución bolchevique cambiaría su nombre por el de Tolstói. En la casa del jefe de estación, Iván Ozolin, le disponen una cama, donde muere el 7 de noviembre. Su tumba, sin cruces cristianas, un sencillo túmulo de tierra, está en Yásnaia Poliana, entre los abedules. Zweig, que fue invitado por los sóviets al centenario del nacimiento del escritor en 1928, visitó Yásnaia Poliana, y la sencillez desnuda de su tumba le causó una profunda impresión: "Ni la cripta de Napoleón bajo el arco de mármol de los Inválidos, ni el sepulcro de Goethe en el Panteón de los Príncipes, ni ninguno de los monumentos funerarios de la abadía de Westminster impresionan tanto con su aspecto como esta tumba conmovedora en su anonimato, magnífica en su silencio, perdida en medio del bosque y rodeado tan sólo por el susurro del viento; sin mensaje alguno, sin palabras."

El sonido del hacha talando el jardín de los cerezos de Chéjov había anunciado el fin de una época, y tras la muerte de Turguénev y Dostoievski, la desaparición de Tolstói cierra el ciclo de la excepcional literatura rusa de la segunda mitad del siglo XIX que se había interrogado sobre la condición humana y su manera de permanecer en el mundo. Gorki rompió a llorar al conocer la noticia del tránsito de Lev Nikoláievich, y Víktor Shklovski recordó que, cuando murió Tolstói, la vida en Rusia se detuvo y un espeso silencio cubrió San Petersburgo. Por eso, el reloj de la estación de Astápovo, hoy Lev Tolstói, marca desde entonces las 6'05, la hora de su muerte.

Expedición a la vieja Rusia

Serguéi Mijáilovich Prokudin-Gorski escribió en sus memorias (que publicó en 1932, mientras estaba exiliado en París) que la fotografía en color fue "la gran causa de su vida", cuando ya sus recuerdos de fotógrafo del zar, aunque habían transcurrido sólo dos décadas, parecían pertenecer a un lejano pasado y se esfumaban en la bruma y en los andrajos del crepúsculo de su existencia. En 2001, la Biblioteca del Congreso norteamericana, que medio siglo atrás había comprado los archivos que Serguéi Mijáilovich acumuló en sus expediciones por Rusia, organizó una exposición de sus fotografías, para la que escaneó las placas de vidrio y, con procedimientos digitales (digicromatografía), reprodujo las imágenes tal como las vemos hoy.

Aquel fotógrafo del zar había nacido en 1863, en Múrom, provincia de la hermosa Vladímir, en una familia noble que poseía ciento cuarenta siervos. Su estirpe aseguraba ser descendiente del príncipe tártaro Peter Gorski que había llegado con la *horda de oro*, y estaba orgullosa de haber participado en Austerlitz y en la guerra contra Napoleón. Uno de sus abuelos, Mijaíl Ivánovich, fue un destacado escritor, muerto el mismo año en que los soldados del francés saqueaban Moscú. Prokudin-Gorski acudió al Liceo imperial de San Petersburgo, después a la universidad y a la academia militar de me-

113

dicina, con estudios de física, matemáticas, pintura. Es probable que fuera alumno de Mendeléyev, quien, además de su relevante maestría como químico, había fundado la Sociedad Rusa de Fotografía en 1878, donde veinte años después ingresó Prokudin-Gorski y, en 1906, fue nombrado presidente.

Se casó en 1890, con la hija de un general de artillería, Alexánder Lavrov, director de una fundición y hombre experto en estructura de metales y producción de acero. Desde 1897, Prokudin-Gorski se interesaba por la fotografía, enviando trabajos a la Sociedad Rusa de Tecnología. En 1901 monta en San Petersburgo un estudio de foto-cincografía (o fotograbado) en el 22 de la Bol'shaya Pod'yacheskaya *ulitsa*, junto a la catedral de San Nicolás de los Marinos y el Teatro Mariinski, y trabaja denodadamente en la búsqueda del color con el método de la tricromía, siguiendo la senda del escocés Maxwell, que le lleva a visitar en Berlín, al año siguiente, al físico Adolph Miethe, el mayor especialista alemán en ese procedimiento; estudia con él, en Charlottenburg, durante dos meses, esa técnica. A su retorno, presenta a la Sociedad Rusa de Fotografía una serie de vistas que ha realizado con ese método. En 1903 vuelve a Berlín a un congreso de química, y se encuentra de nuevo con Miethe. Ese verano, viaja a Karelia, donde toma sus primeras fotografías en color, y en los años siguientes toma vistas de San Petersburgo, Kíev, Kursk, Sebastopol, donde fotografía el acorazado Potemkin; Crimea, Sochi, Novorossiysk. En 1904, viaja por el Cáucaso y el Daguestán, cuyas vistas presentará en San Petersburgo al año siguiente. En 1906 conoce a los hermanos Lumière, en Lyon, y participa en Roma en un congreso donde presenta las novedades rusas de la denominada *fotografía aplicada* y de los "colores naturales". La fotografía era ya la pasión de su vida. Aunque no se ha conservado la cámara que utilizaba (es probable que fuese un diseño propio a partir del modelo de Miethe de 1906) con ella hizo más de diez mil fotografías. Prokudin-Gorski hacía tres rápidas exposiciones sobre una placa de vidrio, cada una

114

con un filtro distinto (azul, verde y rojo). Después, tras positivar los negativos, utilizaba un proyector triple con filtros de esos colores en cada lente, en una suerte de "linterna mágica": se producía así el milagro de la imagen en color.

En el invierno de 1906 y principios de 1907, viaja también a Samarcanda y Bujará: quiere plasmar el esplendor de Rusia, sus fábricas modernas, sus instalaciones y obras públicas (como hizo con su fotografía de los generadores eléctricos traídos de Hungría, en una ciudad no identificada), las fábricas textiles de algodón de Asia central, la fundición de Kasli en los Urales, cerca de Cheliábinsk, que producía esculturas de hierro y contaba con más de tres mil obreros cualificados. Está animado por la grandeza de Rusia. La exposición de sus paisajes en San Petersburgo, a finales de 1907, atrae la atención de la corte; la emperatriz viuda María Fiódorovna Románova, madre de Nicolás II, lo invita a su palacio de verano en Copenhague y el gran duque Aleksandr Mijáilovich Románov quiere que el zar lo reciba.

Para Prokudin-Gorski, 1908 es un año importante: es ya un hombre afamado, y en mayo conoce a León Tolstói, célebre en toda Rusia, a quien había escrito para acudir a Yásnaya Poliana y hacerle la fotografía que se hará muy popular en el país, el primer retrato en color en Rusia. Apenas circulaban fotografías del escritor, y eran siempre en blanco y negro: la que lo muestra mientras sostiene una guadaña en el campo; ante su casa, con blusa campesina y botas; jugando al ajedrez con el hijo de Vladímir Chertkov, su editor; una con su hija Alexandra, en la costa de Crimea; otra con su esposa Sofía Andréievna, la que lo muestra sosteniendo a su nieta Tatiana, y apenas alguna más. En la fotografía de Prokudin-Gorski, Tolstói aparece con su blusón azul índigo y las botas negras de montar a caballo. También fotografió a Chéjov, aunque fue el retrato de Yásnaya Poliana el que alcanzó gran éxito y difusión, y le ayudó a preparar sus expediciones: su eco llegó incluso a Nicolás II. Apenas una semana

115

después de su encuentro con Tolstói, Prokudin-Gorski pudo mostrar sus vistas de Rusia a los miembros de la Duma y del Consejo de Estado, en San Petersburgo.

El 3 de mayo de 1909, gracias a la mediación del gran duque Aleksandr Mijáilovich Románov, Prokudin-Gorski presenta sus trabajos en el palacio imperial de Tsárskoye Seló, ante Nicolás II. Siempre altivo, el zar es anunciado por un criado negro: en el gran salón, Serguéi Mijáilovich le presenta vistas de la naturaleza, bosques, nieves de la inmensa Rusia, y resalta la importancia de fotografiar el esplendor del imperio. Así, consigue su apoyo, aunque se abstiene de pedir financiación, de manera que el zar no le ofrece nada ni tampoco se la brinda el ministro que, cortesano, esperaba la aprobación de un decreto imperial antes de tomar cualquier iniciativa. A partir de ese momento, Prokudin-Gorski podrá circular libremente por todo el imperio y podrá fotografiar aquello que considere; las autoridades locales deberán ayudarle: aunque no obtiene financiación de la corte, consigue un vagón de tren dotado de alojamientos para él y sus ayudantes, equipado con laboratorio donde puede trabajar incluso con el tren en marcha, y de dos barcos para navegar por los ríos. Tendrá también a su disposición una barcaza de casco plano y un pequeño barco de motor, para navegar por ríos poco profundos, además de un coche, aunque él mismo tiene que costear los viajes porque la ayuda gubernamental se limita a la organización, así que Prokudin-Gorski sufraga el salario de los ayudantes, el material, los compuestos químicos. Serguéi Rujlov, el conservador y nacionalista ministro de Ferrocarriles le apoyará en todo momento. Empieza la gran aventura de su vida.

* * *

En el período comprendido entre 1909 y 1916 Prokudin-Gorski realizó siete campañas, siempre en primavera y verano, que interrumpe a veces para acudir a fotografiar otros lugares, aunque no hizo ninguna expedición entre 1913 y 1915, probablemente por falta de recursos. La última misión sería en 1916, hacia la península de Kola. Sin embargo, los elevados gastos que comportan las expediciones hacen que en diciembre de 1910 no pueda ya soportar la carga y pide ayuda al tesoro imperial; mientras espera, confiado, se produce el asesinato del primer ministro Stolypin en Kíev, en septiembre de 1911, a manos del turbio Bogrov, informador de la policía y supuesto anarquista, y se trunca esa posibilidad. No por ello abandona su proyecto.

En 1909 navega por el canal Mariinski, que une el Volga con el mar Báltico a través de los lagos Onega y Ladoga y del río Neva de San Petersburgo. Es su primera misión: ha sido un deseo expresado por Nicolás II, y Prokudin-Gorski recorre cuatrocientos kilómetros en un barco de vapor con dieciséis tripulantes desde Shlisselburg hasta el lago Béloye. En esas semanas de navegación, fotografía monumentos, esclusas, caminos de sirga, dragas, jóvenes campesinas, iglesias de madera, paisajes infinitos que captura con sus placas de vidrio. Es dificultoso: debe hacer tres registros de cada escena para conseguir la imagen en color. Por la noche, trabaja con las imágenes, las clasifica, llena un libro con los índices. En ese viaje toma la estampa de la solitaria capilla de madera sobre la colina Olga, y la escena de una veintena de mujeres trabajando en el campo, ataviadas con pañuelos en la cabeza, henificando el forraje en las tierras del monasterio de Leushina, en el río Medvéditsa: todas están de pie, con la guadaña; algunas le miran, pero la mayoría gira la cabeza. Muchas de sus fotografías campestres muestran a los campesinos en actitud tranquila, descansando o trabajando en las fincas, en un entorno que parece bucólico y feliz, donde se adivina una existencia sencilla, austera pero risueña, que, en realidad, tenía muy poco que ver con la dura vida de los *mujiks* en la Rusia zarista. Cuando vuelve a San Petersburgo, trabaja en su estudio, y el 20 de marzo de

117

1910 presenta al zar, en Tsárskoye Seló, una selección de vistas del canal Mariinski. En esos meses, escribe a Tolstói: "Estas imágenes son eternas".

En la primavera de 1910, inicia su segunda expedición: se lanza en busca de las fuentes del Volga. Le han facilitado un *ukase* del zar para que pueda visitar monumentos, monasterios, iglesias en la región de Tver, en el Volga. Con ese decreto imperial y otro del Sínodo de la iglesia ortodoxa recorre entre junio y septiembre el óblast. Empieza en las colinas de la meseta de Valdái, donde nacen numerosos ríos, entre ellos el Volga y el Dniéper. Sigue el curso del Volga, captura panorámicas de la hermosa Stáritsa que recuerdan las *vedutas* de Bellotto, el sobrino de Canaletto. También de las orientales iglesias de Rzhev, el monasterio de Rizpolozhenski en Súzdal y una vista de la localidad con iglesias, casas de madera y un puente sobre el río Kamenka, además de la catedral de Vladímir. Fotografía a decenas de monjes plantando patatas en el monasterio de Getsemaní o de la Nueva Jerusalén, en el lago Seliguer, y de un *mujik* sentado en el bosque mirando la cámara de Prokudin-Gorski y la vida. De ese año es también su vista del monasterio Nilo-Stolobenskaya Pustyn y del puente que lo comunica, en las islas de ese nombre en el lago Seliguer. Está movido por la fuerza de representar la belleza de Rusia, y mostrarla a sus habitantes, pero también se interesa por la industria.

Por deseo del zar, los veranos de 1911 y 1912 los dedica Prokudin-Gorski a la Rusia blanca. Viaja a los campos donde tuvo lugar la batalla de Borodinó, en 1812, que Kutúzov libró con Napoleón y que cantó Tolstói en *Guerra y paz*. Había sido la más mortífera contienda de todas las guerras napoleónicas en Europa, y Nicolás II iba a celebrar el centenario de la matanza. Es la tercera misión de Serguéi Mijáilovich. Se traslada en tren, con su vagón laboratorio, y durante el primer verano fotografía la iglesia de Borodinó, que se asoma entre los bosques; también, el campo de batalla donde murieron cien mil hombres. Capta su propio vagón de trabajo, escenas de religiosas de iconos y de vírgenes; en 1912, fotografía Minsk, Vitebsk sobre el río Dvina occidental, y Smolensk, rodeada por la muralla que construyó Borís Godunov, además de la catedral de la Asunción y el monasterio de Abraham.

Su cuarta expedición se dilata entre el verano de 1910 y la primavera de 1912, cuando Prokudin-Gorski se dirige a los Urales y a Siberia. De hecho, interrumpió el trabajo en el Volga para viajar a los Urales, región que ya conocía y donde llevó incluso a sus hijos, Dmitri y Mijaíl, aunque se ignora si también llevó a su hija Ekaterina. En esos dos años, visita Tiumén, Yalútorovsk, Shádrinsk y Tobolsk, la capital histórica de Siberia, donde, en 1912, toma una vista desde el campanario de la iglesia de la Transfiguración, con el río Irtish y la llanura siberiana al fondo; y fotografía los molinos de viento, construidos con madera, para moler centeno y trigo, en Yalútorovsk. En 1910 recorre por tierra la región habitada por los bashkir, una población de origen túrquico, y llega a Ekaterinburg, donde fotografía una vieja iglesia junto a la tienda de un regimiento de mosqueteros. En julio de 1912, remonta el río Chusovaia, un afluente del Kama (a su vez, tributario del Volga) que atraviesa los Urales y es el único del mundo que recorre dos continentes. Está helado la mitad del año, y sólo puede navegarse en verano. Prokudin-Gorski fotografía roquedales de las riberas, comarcas que permanecen vírgenes, y se interesa por el trabajo de sus habitantes: talleres donde fabrican cajas de madera, sables, dagas. Visita Zlatoust, una ciudad fundada a la sombra de una fundición que después empezó a fabricar cañones y donde las tropas zaristas habían causado una matanza en 1903 para aplastar una huelga: allí toma la imagen de la calle de tierra que baja hacia el río, entre casas de madera, y una vista de los tejados apiñados con los bosques infinitos al fondo. Y la mina de Bakalsk, donde trabajan mujeres.

En 1912, organiza su quinta expedición; parte hacia el Daguestán y el Cáucaso. Ese mismo año, se publica *Hadji Murat*, la obra póstuma de Tolstói, que había muerto dos años antes: es la historia de un

119

comandante avar del Daguestán en las guerras caucásicas, un asunto que ya había tratado Alejandro Dumas. Serguéi Mijáilovich ya había visitado la región en ocasiones anteriores: en 1910 tomó una panorámica de Tiflis, la capital georgiana. En la primavera de 1912 llega a Batumi, tierra de comerciantes griegos, allí observa las plantaciones de té y fotografía a un capataz chino de una de ellas, a los trabajadores griegos de las plantaciones, se interesa por la botánica y los distintos tipos de árboles. Retorna de nuevo y viaja al Azerbeiján, a Bakú. Era la segunda vez que llegaba a la región en misión encargada por el zar, y fotografía las montañas del Daguestán, los valles de la región de Gunib, la aldea de Shamil con sus casas de piedra escalando la colina; fortalezas de montaña, figuras del Daguestán ataviadas con sus trajes nacionales, yataganes y chaquetas de seda, *cherkeskas* donde los cosacos cosen cartucheras de tela alineadas para guardar los tubos de pólvora del fusil, y también clientes elegantes en el afamado balneario de Bordzhomi, que visitaron Tolstói y Chaikovski y donde Nicolás II había inaugurado en 1905 la primera planta para embotellar agua mineral. Prokudin-Gorski había estado anteriormente en la región, en varias ocasiones: en 1904, cuando lo vemos sentado en las rocas del río Korolistskali, en Georgia, con traje oscuro, sombrero gris y el bastón en la mano, en un autorretrato; y al año siguiente, cuando fotografía el palacio de los Oldenburg en Gagra, en la costa abjasa del Mar Negro; y en 1906, año en que había recorrido Crimea, Sochi y, de nuevo, Abjasia.

El verano de 1912 lo ocupa entre las estepas caucásicas y el Asia central: es su sexto gran viaje. El zar lo había enviado el otoño anterior al Turquestán, donde estaban los janatos de Bujará y Jivá, que Serguéi Mijáilovich ya había recorrido en 1906 con la Sociedad Rusa de Fotografía para observar un eclipse solar y que aprovechó para fotografiar Samarcanda y sus alrededores, cuando lo atrapan las hermosas panorámicas de la ciudad, con las mezquitas y madrasas azul cobalto; la vista de la necrópolis y los mausoleos de Shah-i-Zin-

120

da, con las montañas del Pamir al fondo, y un nido de cigüeñas en un palacio de Bujará, que toma en 1911. De ese mismo año es la imagen de una familia kazaja descansando en la estepa, del hombre tayiko con pájaros en la mano, y del grupo de niños judíos ataviados con ropas tradicionales que estudian con su maestro en una alta mesa, en Samarcanda, así como la fotografía de los reclusos del zindán, una prisión característica de Asia central, que miran a través de los barrotes, probablemente en Bujará. Su costumbre de fotografiar a personas con vestimentas tradicionales recuerda las imágenes del explorador George Kennan, que recorrió el Cáucaso y Siberia a finales del siglo XIX retratando a personas que consideraba *exóticas*.

La misión de 1912 implicaba documentar Tashkent y el tendido ferroviario de la región. Prokudin-Gorski llega en su vagón, y en esa ciudad realiza una película en color, así como vistas de Bujará. Fotografía yurtas turkmenas, mezquitas, conductores turcomanos con su camello, burócratas de Bujará con sus turbantes blancos ante las columnas de madera del palacio del emir, lleno de decoraciones geométricas añiles, verdes, rojizas; centinelas posando ante los cañones, y policías, todos con sus uniformes negros; mujeres con joyas y vestidos tradicionales sobre alfombras dispuestas en la entrada de la yurta. También, puestos de fruta, de melones amarillos, tiendas de telas, cuyos vendedores siempre observan a la cámara, pero se ignora el paradero de las películas de color que realizó entonces Prokudin-Gorski. Su retrato del emir Said Mohammed Alim Jan, que había empezado a reinar en Bujará el año anterior, le muestra con su lujoso abrigo añil con motivos florales, sentado en un patio del palacio, gordo, parecido al joven del Alhambra que Flaubert describe en *La educación sentimental*: "Llevaba [...] un chaleco de terciopelo azul con grandes palmas doradas, un gesto de orgullo como el de un pavo real y un aire estúpido como el de una gallina." Pocos años después el emir causará una matanza entre los bolcheviques, antes de ser derrocado por la revolución.

121

Las dificultades económicas impiden a Serguéi Mijáilovich organizar expediciones entre 1913 y 1915. Para conseguir recursos, crea en 1913 una sociedad que lleva su nombre y otra denominada Biochrome para fotografía, cine e impresión en color, pero el estallido de la *Gran Guerra* dificultará su desarrollo. En el verano de 1916, organiza su última expedición. Se dirige al círculo polar ártico. El año anterior, había estado también en la región: una fotografía de un grupo de prisioneros del imperio austrohúngaro, en un campo no identificado cerca del Mar Blanco, es datada con la fecha de 1915 por la Biblioteca del Congreso. Así, en 1916, visita Karelia, donde ya había estado en 1903, y la península de Kola. En octubre de ese mismo año, Nicolás II funda en la costa norte de la península de Kola una nueva ciudad portuaria, Románov-en-Mourman, que la revolución bolchevique convertirá en Múrmansk. Prokudin-Gorski sale de Petrozavodsk, una ciudad de Karelia en el lago Onega, donde se fotografía recorriendo la vía férrea en una vagoneta de tracción manual con cinco acompañantes, y documenta los trabajos de construcción ferroviaria, las presas del ferrocarril en la estación de Lizhma y en Soroka, hoy llamada Belomorsk. Tomó a lo largo de sus viajes muchas fotografías de trenes, puentes ferroviarios como el del río Kama, cerca de Perm, en los Urales; y esclusas, barcos de vapor, gabarras y canales, certificando los transportes rusos. Después, llega a Kem, en el mar Blanco, para alcanzar después las islas Solovetski, donde está el célebre monasterio.

Sus expediciones a la vieja Rusia se habían terminado. Tras la revolución bolchevique consigue una cátedra, y en 1918 viaja a Noruega, comisionado por el gobierno revolucionario para comprar equipos de proyección, pero no volvió, y al año siguiente fue a Gran Bretaña: tenía cincuenta y cinco años y aunque le quedaba aún un cuarto de siglo de vida era ya un hombre del pasado, un fotógrafo del zar que no sabía ver a la inmensa Rusia con otro rostro que no fuera el del zarismo. Volvió a casarse en 1920 y tuvo otra hija, Elena, y en

1922, ya establecido en París, consiguió abrir el estudio fotográfico con sus hijos que, antes, no había podido hacer en Niza. Pudo recuperar, no se sabe en qué momento, una parte de las tres mil quinientas placas que había acumulado en sus expediciones. Prokudin-Gorski aún alcanzó a ver la ocupación nazi; murió pocas semanas después de la liberación de París y fue enterrado en el cementerio ruso de Sainte-Geneviève-des-Bois. Sus herederos, sin recursos, vendieron la colección de sus placas, unas dos mil, a la Biblioteca del Congreso norteamericana: John Marshall, que representaba a la Fundación Rockefeller en París, recibió el encargo de Mortimer Graves, director del American Council of Learned Societies, ACLS, para que investigase el paradero de los hijos de Serguéi Mijáilovich: sabía que vivían en París en la pobreza y que guardaban en cajas las placas de la gran misión de su padre. La Fundación Rockefeller les compró por cinco mil dólares (que hoy representarían diez veces más) para destinarlas a la Biblioteca del Congreso, que se vio así convertida en guardiana de las expediciones de aquel fotógrafo del zar que había capturado el rostro de la vieja Rusia ocultando todas sus desdichas.

La libreta de Chéjov

Cuando la Málaya Nikitskaya de Moscú (la calle donde vivió Gorki) llega a la Sadóvaya-Kudrínskaya ulitsa, se descubre en el número 6 la casa de Chéjov, convertida hoy en museo a su memoria. Es una casita de dos pisos, de fachada rojiza, que al lado de las ventanas de la planta baja enseña una reja de hierro que cierra el callejón por donde se llega a un patio abierto arbolado. La puerta de entrada está en ese pasadizo lateral. Chéjov y los suyos vivieron aquí entre 1886 y 1890. Dentro, aparece una salita con butacas, un reloj y cuadros familiares, y un escritorio verde, que utilizaba Antón Pávlovich. Sobre la mesa, una imagen de Chaikovski: el compositor iba a esa casa a visitarlo y, antes, le había escrito encandilado por los relatos del escritor. Llama la atención una vitrina con una caja de acuarelas. Aquí tenía Chéjov su estudio, y extraía de una libreta que siempre llevaba consigo rasgos, personajes, situaciones. Dejó muchos cuadernos de notas. Era capaz de escribir un relato en un solo día.

Al lado, dos pequeños dormitorios: el de Mijaíl, con escritorio y butaca; y el de Antón Pávlovich, que tiene una minúscula cama baja. En la antesala, una estantería con libros. La habitación de su hermana María, que tanta devoción le mostró siempre hasta el punto de sacrificar su propia vida, rechazando pretendientes para cuidar de

125

su hermano, tiene una pequeña sala. En el piso de arriba, una estancia con piano, que tocaba Nikolái; alrededor, un diván y sillas para escuchar al virtuoso. Chaikovski venía con frecuencia. Junto a ella, una habitación para coser y pintar, que tiene un caballete y pinturas de Nikolái, el hermano enfermo y alcohólico que también murió de tuberculosis en 1889 sumiendo a Chéjov en una profunda tristeza.

Después del viaje del escritor a Sajalín, la familia no pudo pagar el alquiler, y se trasladaron a la Málaya Dmítrovka. Durante esos cuatro años en la casa de Sadóvaya-Kudrínskaya ulitsa, Chéjov escribía durante toda la jornada, aunque a mediodía recibía pacientes durante tres horas. No le gustaba frecuentar las fiestas, ni los encuentros literarios. En la disposición de recuerdos de la casa, no han olvidado poner un mapa de la isla de Sajalín. Y fotografías del penal, e incluso una carta autógrafa suya. Aquí y allá, cuadros de la familia, una vitrina con los anteojos, su pluma, una caña de pescar y el maletín de médico, como si esos objetos resumieran toda su vida. Y tal vez sea así.

Hay otros museos Chéjov en las casas donde vivió, en Mélijovo (de hecho, es una reconstrucción hecha por el gobierno soviético en 1960) y en Yalta, y hasta en Sajalín. La última vez que Chéjov visitó Moscú fue el 3 de junio de 1904: ese día subió al tren para viajar a Badenweiler. Los días anteriores había estado repasando *El jardín de los cerezos*. Llegaron a su destino seis días después, y en ese balneario alemán pasó las jornadas en cama leyendo los periódicos, preocupado por la guerra en Oriente con Japón. El 2 de julio del calendario ortodoxo, murió.

* * *

Para conocer a Chéjov, además de sus páginas, disponemos de la monumental biografía que escribió Donald Rayfield hace dos décadas, y la de Pável Grómov, en cirílico; de las escuetas páginas de Natalia

126

Ginzburg; del libro de Irène Némirovsky, publicado cuando la autora ya había muerto en Auschwitz; del estudio de David Magarshack que citaba (aunque se había publicado hacía más de cincuenta años) Cabrera Infante poco antes de morir, y de la biografía de Rosamund Bartlett. Nos han dejado un recuerdo de Chéjov a veces triste, sin duda por algunas de sus obras, pese a que sus primeros cuentos eran humorísticos, y por su temprana muerte, aunque también supo reír y disfrutar de la vida. Muchos lo veían como un hombre reservado, distante, y, sin duda, era un solitario, aunque disfrutaba con su familia y sus amigos: en Mélijovo los visitantes eran a veces tan numerosos que había que instalarlos en la casita de dos habitaciones para invitados y en el granero. Entonces, cuando viajaba a Moscú, se alojaban en el Gran Hotel Moscú, al inicio de una de las calles principales de la ciudad, la Tverskaia, que en los años soviéticos llevaba el nombre de Gorki.

Chéjov visitó por primera vez Moscú con diecisiete años y dos años después se trasladó ya a la capital, desde su Tanganrog del mar de Azov, para vivir con su familia en un pobre sótano de la calle Gráchevka y, luego, en la callejuela Golovin. Hasta que no se cambiaron a la Yakimanka, junto a la iglesia de Tserkov' Ioanna Voina, Chéjov no pudo disponer de un pequeño estudio. Por fin, en 1886, pudieron alquilar esa casa entera en la Sadóvaya-Kudrínskaya ulitsa: Chéjov se había licenciado en medicina en 1884, aunque apenas cobraba, pero conseguía ingresos con sus relatos. La familia se instaló después en un pequeño apartamento en la Málaya Dmítrovka, y a partir de 1892 Chéjov vivirá en Mélijovo durante seis años, aunque volvía a la Málaya Dmítrovka ocasionalmente, hasta que a finales de 1898 compró la finca de Yalta, la última casa de su vida.

Reconocemos a Chéjov en ese cuadro que pintó el joven Iósif Broz, un discípulo de Repin, que le había encargado la galería Tretiakov de Moscú, donde se halla hoy el retrato: vemos al escritor en un sillón verde, con los anteojos sujetos al cordón que baja hasta su chaleco, y la mano sujetando el mentón. En casi todas las fotografías que se conservan vemos a Chéjov serio, aunque en algunas, con Olga Knipper, sonríe: la conoció al final de su vida, en septiembre de 1898, tras haber pasado enfermo el invierno en Niza. En una de esas fotografías, Antón Pávlovich lee *La gaviota*: le escuchan actores del Teatro del Arte de Moscú, Olga Knipper y Vsevólod Méyerhold; de pie, mirando el libro que Chéjov lee, vemos a Konstantín Stanislavski. En otra, aparecen Tolstói y Chéjov, tomando el té en una terraza de Crimea: el dramaturgo telefoneaba a Tolstói e iba a verlo a Gaspra, cerca de su casa en Yalta. Era muy distinto a él, cuyo torrente narrativo contrasta con la concisión y sencillez de Chéjov, que tuvo en gran estima al autor de *Guerra y paz* ("a ningún hombre quiero tanto como a él", le confesó a Mijaíl Osípovich Ménshikov) aunque le molestaba su aire de profeta y que, en ocasiones, escribiese sobre "aquello que no conoce y que por obcecación no quiere conocer"; pero creía que esos defectos eran irrelevantes ante la calidad literaria de Tolstói. Por su parte, al autor de *Anna Karénina* no le gustó *El tío Vania*. Tolstói no dejó resquicio de duda cuando le dijo a Chéjov: "Detesto a Shakespeare, pero las comedias que usted escribe son todavía peores". No era extraño: después de todo, Dostoievski nos advirtió de que "un par de botas es más importante que Shakespeare."

A inicios del siglo XX, Tolstói, Chéjov y Gorki coincidieron en Crimea y se relacionaron. Durante casi un año, en 1901, Tolstói vivió en Gaspra, en la propiedad de la condesa Sophia Vladimirovna Panina, una mujer que era miembro de los *kadetes* y que acabó colaborando con Denikin y los *blancos* durante la guerra civil. Por su parte, Gorki vivía en una pensión en Oleis (que era ofrecida gratuitamente para escritores pobres por el comerciante Iván Tokmakov) y consideró siempre a Chéjov un hombre libre, íntegro, uno de los grandes escritores de Rusia. También vivía en Yalta, por problemas de salud, Meyerhold, de quien Chéjov escribe que "se lamenta de todo lo que le duele la vida".

128

Todos sus abuelos fueron siervos de la gleba en aquella Rusia miserable, y Chéjov pasó una infancia difícil, golpeado con frecuencia por su padre, ante la resignada madre. Pese a su beatería, el progenitor era un hombre brutal, y el matrimonio cargado de deudas, no pudo ofrecer a sus hijos más que una vida de pobres. Esas figuras que viven entre estrecheces aparecen con mucha frecuencia en sus cuentos, como Pasha, la corista, que entrega sus joyas para salvar a un marido infiel. En su vejez, su padre, siempre santurrón, cantaba salmos religiosos a voz en cuello mientras ahogaba en el sahumerio a la familia con el incensario de cadena. Chéjov recelaba de la religión, es capaz de hacernos sonreír mientras la melancolía envuelve sus escenas y personajes, y nos lleva a la desolación de las vidas inútiles, perdidas, prescindibles.

Con diecinueve años, abandona Taganrog para ir a Moscú, donde ya estaban sus padres y hermanos, y con poco más de veinte años escribe relatos por unos pocos kópeks cada línea, mientras soporta las borracheras de sus hermanos. Se hizo médico, pero no cobraba a los pobres. En 1885, visitó San Petersburg por primera vez. Habló con editores, volvió al año siguiente y en otras ocasiones, a casa de su editor y amigo Suvorin, aunque el *asunto Dreyfus* enfrió su amistad: Chéjov defendió la militancia de Zola. Los inicios no fueron fáciles. En 1887, estrena *Ivanov* en el teatro Korsh de Moscú. Es un fracaso clamoroso. La bronca es estrepitosa: los estudiantes querían tirar a los actores por la platea. Pese a todo, antes de marchar a Siberia consiguió abrirse paso en el teatro y en la edición, y empieza a ser muy conocido; su obra *La estepa* tuvo éxito, y en 1888 la Academia de Ciencias le concedió el premio Pushkin, aunque tuvo algunos fracasos y la muerte de su hermano Nikolái lo afectó profundamente. Incluso empezó a escribir una novela, según confesó a Alekséi Suvorin, aunque nunca la terminó. En esos años ya tiene una noción clara de su escritura: sus relatos nos muestran la vida, sin concebir historias cerradas; busca la objetividad, describe con veracidad los personajes que crea, inmersos en su época, y opta por la sencillez y la brevedad. A su hermano Alexánder, que también escribe, le recomienda: "El lenguaje debe ser sencillo y elegante. Los lacayos deben hablar de modo sencillo, sin tapujos ni regodeos. Los capitanes retirados de nariz colorada, los periodistas bebedores, los escritores muertos de hambre, las esposas tísicas y laboriosas, los jóvenes honestos y sin mácula, las doncellas sublimes, las niñeras bondadosas... todo eso ya fue descrito y debe evitarse como un foso."

En abril de 1890 inició su viaje a Sajalín, atravesando ríos helados, bosques infinitos: el ferrocarril transiberiano no se inauguraría hasta 1900. Sajalín era el infierno (viaja allí "quizá para no volver jamás", escribió): quería huir, probar la aventura, y contribuir a la reforma de Rusia examinando uno de sus pozos más negros, aunque, al mismo tiempo, admiraba a Nikolái Przevalski, un militar y excepcional geógrafo que defendía un nacionalismo exaltado y que exploró el desierto de Gobi, Mongolia y el Ussuri. En Sajalín, Chéjov se despertaba cada mañana con el sonido de las cadenas que arrastraban los deportados, y esa experiencia lo marcaría para siempre. Volvió por mar, en diciembre, en el vapor *Petersburgo*: pasó por Singapur, Ceilán (el paraíso, contó, donde tuvo relaciones, bajo los cocoteros, con una "hindú de ojos negros", como tuvo otro encuentro con una meretriz japonesa en Blagovéshchensk, en el Amur, en la frontera china, durante el viaje de ida), llegó a Port Said y a Constantinopla para alcanzar Odessa y tomar un tren hasta Moscú.

Hizo su primer viaje por Europa en 1891, con el editor Aleksei Suvorin y su hijo; a lo largo de dos meses visitó Viena, Venecia, Florencia, Roma, Nápoles, Niza, París y Berlín. En Nápoles, incluso ascendió al Vesubio. Al año siguiente pudo comprar la casa de Mélijovo, gracias a un préstamo de su editor Suvorin: allí escribió *La gaviota*. En esa época, febrero de 1893, escribe al médico Iósif Isaiévich Ostrovski (estudiaron juntos, en Taganrog): "No soy rico y vivo exclusivamente del trabajo. Cuanto más viejo me hago, trabajo menos y con mayor pereza. Ya siento la vejez." Y solo tenía treinta y tres años. Volvió a Italia en 1894, a Trieste, Venecia, Milán, Génova. Tres años después, tras recuperarse precariamente de un grave ataque de su tuberculosis, viaja a París, a Biarritz y Niza, a Montecarlo a jugar a la ruleta. Incluso acarició el proyecto de viajar a Egipto, y de conocer el Sáhara, pero su precaria salud se lo impidió. El viaje que más le marcó fue la expedición a Sajalín: quedó atrapado para siempre por la belleza del Baikal.

Antes de vivir allí, Chéjov se iba a Mélijovo, al sur de Moscú; paseaba con sus perros, y se encerraba a escribir en una casita de madera que le hicieron en el jardín. Después, viajaba a Crimea, más enfermo, para perseguir el sol del mar Negro. Desde Yalta entabló relación con el joven Gorki, que también padecía tuberculosis, y por quien dimitiría en 1902 de la Academia de Ciencias cuando el zarismo (el gran duque Konstantín Románov era el presidente de la institución) impidió que Gorki se incorporara. Chaikovski, amigo de Chéjov y del gran duque, no pudo evitarlo. En Yalta, a Chéjov le gustaba pasear hasta Oreanda, donde hubo un palacio del zar Nicolás I, que se perdió en un incendio en 1882; llegaba atravesando la finca donde Nicolás II hizo construir el Livadia, que años después acogió la Conferencia de Yalta, con Stalin, Roosevelt y Churchill. En esos días, Chéjov paseaba con una joven, Nadezda Ternóvskaia; descansaban en un banco de la iglesia ("el banco de Chéjov") para admirar las costas de Yalta y las aguas tranquilas: en ese lugar puso Chéjov a su Anna, la *dama del perrito*, mirando el mar junto a Gúrov, su amante moscovita. Gorki desnudó esos relatos: "al leer los cuentos de Chéjov uno parece sumergido en un día triste de fines de otoño".

Antón Pávlovich siempre tuvo muchas relaciones sentimentales, como detalla Donald Rayfield, fugaces intentos o algo más, no importa. A veces, rechazaba mantener relaciones con algunas mujeres, pero también frecuentó prostíbulos. Chéjov trató mucho a Lika Mizínova, una actriz amiga de su hermana que estaba profundamente

131

enamorada de él y que, un tiempo, creyó que el escritor le correspondía, aunque nunca se lo manifestase. Y a Olga Vasílieva, que lo había conocido en Niza. Niza le recordaba a su Taganrog natal, y allí se instaló en septiembre de 1897, para pasar el invierno lejos del frío que agravaba su tuberculosis, viviendo en la *Pensión Rusa*, la misma donde se alojó Lenin en 1909. También se relacionó con la hija de Tolstói, Tatiana; y con la nieta de su editor Suvorin, Nadia Kolomnina. A Nadiezdha Ivanovna, que en estaba Yalta, la califica de "mi prometida" en una carta a Olga Knipper, cuando aún no se había comprometido con ésta. Conoció a Knipper en el teatro, ensayando *La gaviota* (la obra donde retrató a Lika Mizínova, convirtiéndola en Nina Zaréchnaia, y que para algunos es, también, el modelo de la Anna de *La dama del perrito*). *La gaviota*, representada en San Petersburgo en 1896, fue un fracaso, y las risas del público hirieron profundamente a Chéjov. Otras versiones dicen que conoció a Knipper en Moscú cuando ella interpretaba a Irina en la obra de Alekséi Tolstói, *El zar Fiodor Ivánovich*.

En 1899, invitó a Olga a Mélijovo; después, viajaron a Yalta. Al año siguiente, decidió recorrer el Cáucaso con Gorki. Ese año, escribió *Las tres hermanas*, donde Olga iba a representar a una de ellas, y, en diciembre, de improviso, se fue a Niza y después a Florencia, Pisa, Roma. En julio de 1900, Knipper pasa el verano en Yalta y ambos se convierten en amantes, mientras Chéjov avanza en *Las tres hermanas*. Unas semanas después, el escritor viaja a Moscú, en octubre, donde permanece casi dos meses y ambos se ven obligados a esconderse en el hotel Dresden para huir de encuentros inoportunos. Comprensivo, enfermo, en marzo de 1901 Antón Pávlovich escribe a Knipper: "No significa nada que estés enamorada de otro y que me hayas engañado. Te lo voy a suplicar, simplemente ven, por favor." Knipper obedece, viaja a Yalta, donde pasa la primera quincena de abril, y deciden casarse: la boda se celebra en Moscú, el 25 de mayo; después parten hacia el Volga, el Kama y el río Blanco. Tras su matrimonio

132

con Olga Knipper, la pintora María Drozdova le confesó que tenía la esperanza de casarse con él. También Lidia Alexéievna Avílova que, muerto el escritor, escribió *Chéjov en mi vida*, publicada cuando ya había fallecido ella también, revelando un supuesto, prolongado y secreto amor con el escritor, que María Chéjova siempre negó.

Después de conocer a Olga Knipper, Chéjov, aislado en Yalta, la encontraba a faltar, ella debía atender a sus compromisos teatrales; aburrido a veces, pese a las frecuentes visitas, le escribía hablando del tiempo magnífico o de la lluvia ocasional: "por el jardín corren sapos y pequeños cocodrilos", le cuenta a la actriz. La enfermedad le agota: en la primavera de 1903, va a Moscú, pero apenas puede subir al apartamento de Olga, en un segundo piso. Regresa a Yalta, donde pasa el verano, y vuelve a Moscú en diciembre para presenciar los ensayos de *El jardín de los cerezos*. En junio de 1904, Chéjov y Olga viajaron a Berlín, para recibir consejo de un médico alemán. Un mes después, había muerto, en el balneario de Badenweiler.

* * *

En Yalta, en la Kirova ulitsa, no lejos del río Uchan-su, se encuentra la *dacha blanca* de Chéjov. Cuando llegó, era un pequeño pueblo tártaro, Autka, donde hizo construir la casa. Allí lo visitaron Gorki, Iván Bunin, Rajmáninov, el famoso cantante de ópera Fiódor Shaliapin, los pintores Isaac Levitán, gran amigo suyo, y Víktor Vasnetsov. La casa, en cuya cocina escribió Chéjov *La dama del perrito*, fue convertida en museo por la revolución bolchevique en 1921, en plena guerra civil con los zaristas, y su hermana María, *Masha*, se encargó de dirigirlo. Cuando llegó la Segunda Guerra Mundial, resistió a la invasión nazi: las tropas de Hitler ocuparon Crimea, y en Yalta se detuvo un destacamento de soldados alemanes al mando de un oficial nazi que pretendió dormir en la habitación de Chéjov. *Masha*, una anciana venerable que ya tenía ochenta años, se negó,

133

con severidad, y los alemanes tuvieron que retirarse de la casa. Años después, llegaron el Ejército Rojo y la liberación: en febrero de 1945, el cercano palacio de Livadia acogió a Stalin, Roosevelt y Churchill para ordenar el mundo tras la gran matanza.

Chéjov era un hombre modesto: achacaba sus errores a su "falta de talento", y se comportaba con rectitud: "Nunca he sobornado a nadie, ni he calumniado ni desprestigiado a nadie. He evitado la adulación, las mentiras y los insultos", escribió poco antes de marchar a Sajalín. No recibió siempre el mismo trato: el escritor Nikolái Mijailóvich Yezhov, por ejemplo, que en presencia de Chéjov simulaba ser su amigo, lo criticaba y calumniaba en los círculos intelectuales. Antón Pávlovich ironizaba consigo mismo: poco antes de casarse con Olga Knipper, le escribe desde Niza firmando "matasanos retirado y dramaturgo a tiempo parcial." Siempre ayudó a su familia, y observó el alma rusa, presente en tantos de sus personajes, en la actitud de sus campesinos, en la desdicha de sus compatriotas. En la aparente trivialidad de sus escenas, latía una apasionada fe en el ser humano, aunque conociese a la perfección sus miserias y sus contradicciones y, en ocasiones, las criticase con dureza; vivía una cálida fraternidad que le había llevado a luchar contra la enfermedad y la miseria, y a intentar mejorar en lo posible la vida de sus vecinos: en Mélijovo, hizo construir tres escuelas y un puente sobre el río, y atendió a los campesinos enfermos sin cobrar por ello.

Junto a sus cuentos y obras teatrales, escribió sin descanso cartas, como hicieron Gógol, Turguénev, Dostoievski y Tolstói: de los treinta volúmenes de sus obras completas, doce son de correspondencia. Su teatro reflejaba fielmente la vida. No todos sus relatos muestran su maestría; hay muchos prescindibles, aunque no compartamos la severidad de Hemingway ("Chéjov escribió unas seis buenas historias, pero era un escritor aficionado"). En los cuentos, en su teatro, aparece siempre la vida desbordada y cruel que el zarismo había impuesto a Rusia y a sus campesinos. Chéjov era un joven de poco más de veinte años cuando Alejandro II fue asesinado en 1881, y su sucesor, Alejandro III, no sería mejor. En *El pabellón número 6*, obra que impresionó a Lenin, Chéjov, aunque no citase a sus gobiernos (había que pasar siempre la censura imperial) trazó una severa mirada sobre el zarismo, igual que en su libro sobre Sajalín. Su aversión a la tiranía era evidente: en Yalta, jamás quiso presenciar la caravana imperial cuando pasaba por las calles. La abyección zarista, que pudo constatar en Sajalín, con presidiarios arrojados a la muerte y condenados convertidos en demonios de Lérmontov, había sumido a Rusia en un pantano de sangre y estiércol, en un agujero atormentado. Ese "viaje al infierno" de la deportación que hizo Chéjov se convirtió en unas páginas desoladoras, semejantes a las que habían escrito Dostoievski, Kropotkin y Maksímov sobre el universo carcelario del zarismo. La muerte silenciosa, la esperanza que se ahoga en la inutilidad de la vida, la miseria de campesinos y obreros, la tala de los cerezos, muestran la vieja Rusia que ya esperaba un gran cataclismo y se aflige entre la hipocresía mercenaria del Zapoikin de *El orador* y la miseria del carpintero Yakov de *El violín de Rothschild*, obligado a vivir en una sola habitación entre sus propios ataúdes.

Chéjov era el niño que cantaba en el monasterio griego de Taganrog, el médico que anotaba en sus libretas el obstinado susurro de los pobres, y el hombre que veía el final de su vida mientras atendía las noticias de la guerra ruso-japonesa en 1904. En sus cuentos, Chéjov se detiene en la lucidez de quien no espera nada, en la insatisfacción de quien persigue una vida tranquila y descubre la angustia de una existencia vacía; pero muestra aquí y allá la esperanza y el deseo de otra verdad. El desolador alegato final de Sonia al tío Vania que parece no dejar resquicio a la esperanza, el tedio de una vida sin horizontes, la amargura de una mirada inmóvil y perdida, el sufrimiento interminable y la ternura de esos seres humanos sobre quienes cae el olvido del mundo, estaban en los cuadernos del hombre que se acercó a los tártaros de Crimea, del escritor que amaba profundamente

Moscú, su bullicio, el tañido de las campanas de los centenares de iglesias: la ciudad con la que soñaban las tres hermanas, Masha, Irina y Olga, la vida de Rusia que estaba guardada en la libreta de Chéjov.

La vida errante
de Annemarie Schwarzenbach

En su libro *La ruta cruel*, Ella Maillart narra su viaje a Turquía, Persia y Afganistán cuando en Europa está a punto de estallar la Segunda Guerra Mundial: parte con una atractiva y atormentada compañera de viaje, Cristina, una joven que también aparece en unas fotografías de Marianne Breslauer, que destilaban aquel perfume de entreguerras, con escenas de la España de 1933, con guardias civiles y niños pobres. Aquella hermosa y equívoca mujer que conducía un Mercedes descapotable y que acompañó a Breslauer por España, y la Cristina que viajó con Maillart por Persia, eran la misma: Annemarie Schwarzenbach.

Conocemos su vida con detalle: la biografía escrita por Dominique Grente y Nicole Mülleren, y la de Areti Georgiadou, *La vita in pezzi*, nos dan cuenta de su desazón. También la escritora italiana Melania G. Mazzucco urdió una biografía novelada con el título *Lei così amata* (*Ella, tan amada*), además de sus propios textos, donde se hallan numerosas referencias autobiográficas: Annemarie Schwarzenbach había escrito ya muchas páginas, capturado escenas en Europa, Oriente Medio, Estados Unidos, realizado estimables fotografías de la miseria en que vivían muchos trabajadores norteamericanos del norte industrial, en Pittsburgh, y el racismo que padecían los negros en el sur, en Georgia o Alabama. Annemarie nunca pasaba desapercibida, por su belleza y un frecuente velo de tristeza: cuando visita a los Mann, en Küsnacht, en noviembre de 1935, Thomas Mann la describe: "encantadora y morfinómana". A su vez, Roger Martin du Gard la describió como un "bello rostro de ángel inconsolable".

En marzo de 1942, Annemarie Schwarzebach navegaba en un buque de carga portugués, el SS Quanza, el mismo barco que, en agosto de 1940, había llevado a Nueva York y Veracruz a más de trescientos refugiados europeos que huían del nazismo. Era una mujer joven, de vida errante, que, tras dejar el Congo, había embarcado en la angoleña Luanda, colonia portuguesa en África, para dirigirse a Lisboa, y que pasaba las horas tecleando en su camarote un texto que titularía *Beim Verlassen Afrikas* (*Al dejar África*), sin saber que apenas le quedaban unos meses de vida.

★ ★ ★

Annemarie nació en Zúrich, en 1908. Estudia historia en la universidad, vive en la lujosa mansión de Landgut Bocken con sus padres (Alfred Emil Schwarzenbach, rico industrial de la seda, y Renée Schwarzenbach-Wille, una mujer aficionada a la fotografía y la equitación, y partidaria del fascismo) y sus hermanos. El padre es un empresario sin escrúpulos, que no duda en imponer durísimas condiciones de vida a los obreros de sus fábricas, y la madre, hija de un general, es muy autoritaria, y vestía a Annemarie como si fuera un chico: siempre fue obedecida por ella. Su madre (que mantuvo una relación amorosa, durante muchos años, con una soprano, Emmy Krüger, asidua intérprete en Bayreuth) era posesiva e incluso estimulaba la inclinación masculina de su hija, y desaprobaba además la relación de su Annemarie con los hijos de Thomas Mann; tendía

138

a aislarla, aunque sabía que Erika Mann se había convertido en una referencia imprescindible para su hija. Erika era tres años mayor que Annemarie, y una mujer decidida, independiente, de fuerte carácter.

Desde jovencita, Annemarie impugna la establecida superioridad masculina, en esa sociedad suiza tan conservadora. Admira a Stefan George, y, con veinte años, va a París, frecuenta los cafés, cabarets, y rechaza las formas patriarcales de dominio, que le repugnan profundamente, asumiendo que un matrimonio convencional ocultaría con eficacia su inclinación por las mujeres, pero le restaría libertad. A su vuelta de París, estudia de nuevo historia en la universidad de Zúrich, y conoce a Erika Mann, hija del escritor que había recibido el Premio Nobel de Literatura en 1929. Tras finalizar sus estudios en la universidad, Annemarie escribe, veloz, su tesis doctoral, y decide dedicarse a la escritura: termina su primera novela, *Freunde um Bernhard*, que publica ella misma en 1931, y que fue escrita para su amiga Erika Mann, con quien mantiene desde 1930 una relación amistosa, igual que con su hermano Klaus.

Las dos son mujeres jóvenes, atrevidas, valientes, sin preocupaciones económicas. Erika, con su Ford, y Annemarie, con su Victory, son jóvenes al volante, en busca de la libertad en esos peligrosos años treinta del siglo XX. Viaja a Múnich, a casa de los Mann, y a París; a Venecia, donde se hospeda en el *palazzo* Vendramin, que tenía alquilado el escritor Karl Vollmöller (que había rechazado los altos cargos que el gobierno nazi le ofreció, y a quien Mussolini le incautaría el *palazzo* y su colección de arte). Annemarie, se interesa por las cuestiones políticas, y, por su proximidad con los Mann y su admiración por Erika, se aproxima al mundo antifascista, alejándose de las ideas de su familia.

Entre 1931 y 1933, pasa mucho tiempo viviendo en Berlín, donde escribe tres novelas y una obra de teatro. En una de ellas, *Lyrische Novelle*, narra un amor entre un joven y una cantante, obra que esconde sus propios amores lesbianos. A partir de 1932, Annemarie había empezado a consumir morfina, costumbre y adicción que no abandonará nunca. Se la facilita Mopsa Sternheim (hija del escritor judío Carl Sternheim, cuyas obras prohibió el nazismo), también lesbiana y próxima a los comunistas, una fascinante mujer que colaborará con la resistencia comunista, y será enviada por los nazis al campo de exterminio de Ranvensbrück. Mopsa mantiene un apasionado amor con Ruth Landshoff-Yorck, otra joven actriz y escritora de ascendencia judía y de aspecto andrógino que era también amiga de Annemarie, amante de su coche y de viajar para atrapar la libertad, como ella misma y como Erika Mann. En esos días berlineses, Annemarie milita en el antifascismo con pasión, recorre la noche, acude a cabarets, cervecerías y garitos, bebe compulsivamente, va a dormir al amanecer, con somníferos, aspira el aire alemán que empieza a envenenarse con el nacionalismo, las camisas pardas y los correajes.

En los años treinta, la familia Schwarzenbach no oculta su simpatía por los nazis, aunque vive en Suiza. Hacia 1930, cuando ya el partido nazi se ha convertido en la segunda fuerza política alemana, todavía muchos intelectuales no son capaces de descifrar el horror que anuncian las secciones de asalto, *Sturmabteilung*, que desfilan por Alemania. El propio Stefan Zweig cree que la victoria nazi es una revuelta de los jóvenes, y Thomas Mann no acierta a interpretar el destino que anuncia Hitler al pueblo alemán. En cambio, Heinrich Mann, consciente de la catástrofe que se anuncia, trabaja denodadamente por impulsar un frente antifascista, y su sobrino Klaus Mannn alerta sobre la guerra de exterminio que apunta en el horizonte. Lo mismo hace Erika Mann, pero el desastre se aproxima: toda la familia abandona Múnich, donde había nacido la bestia, en marzo de 1933.

Un año antes, en 1932, Annemarie organiza un viaje a Persia, abandonado en la víspera de la partida porque uno de los participantes, viejo amigo suyo, se suicida. Va a Venecia, con los Mann, vuelve

140

a Berlín, regresa a la residencia familiar a finales de año, donde le regalan un Mercedes-Mannheim, y, en mayo de 1933, viaja a España con la fotógrafa Marianne Breslauer. Su madre, como el resto de su familia, defiende el nazismo, con pasión: su tío, Ulrich Wille, hermano de su madre, invita a Hitler a visitar su mansión en Zúrich (la famosa villa Schöenberg, donde Wagner había compuesto parte de *Tristán e Isolda*) para recaudar fondos para el NSDAP. No era la primera muestra de apoyo, ni mucho menos: tras el incendio del Reichstag, la madre de Annemarie envía a una decena de sus criados alemanes para que voten al partido nazi en las decisivas elecciones de marzo de 1933, tras las que Hitler se hará con todo el poder. A Annemarie le repugna el nazismo, pero está rodeada en su familia de exaltados partidarios de Hitler.

En octubre de 1933, acompaña a una expedición arqueológica al Próximo Oriente, a Siria e Irán hasta abril de 1934, y costea ella misma la publicación del diario del viaje, *Winter in Vorderasien* (*Invierno en Oriente Próximo*). Visita Beirut, Damasco, Alepo, Baalbek, Biblos, Jerusalén, Bagdad, Babilonia, huyendo de sí misma, merodeando por zocos y excavaciones arqueológicas, cazando chacales. En Ur, se encuentra con Leonard Wooley, el arqueólogo británico que había descubierto el cementerio real de la ciudad sumeria; y también con el alemán Erich Schmidt, que excavaba en Ray y Persépolis: Annemarie quiere trabajar con los cráneos de Ray para desmentir las delirantes teorías raciales de los nazis, y envía artículos a periódicos suizos: aunque está lejos, no olvida la lucha antifascista. En ese viaje, conoce además a los arqueólogos norteamericanos George Carpenter Miles y Van W. Knox.

Vuelve a casa, y, poco después, va a Berlín para encontrarse con la baronesa Maud Thyssen-Bornemisza, con quien rompe su relación sentimental, que había iniciado durante su estancia allí. Su padre le escribe para que Annemarie participe en la construcción de la nueva Alemania fascista. Ella, sin embargo, colabora con la revista antifascista *Die Sammlung* que había fundado Klaus Mann en el exilio holandés, publicación donde escriben Thomas y Heinrich Mann, Stefan Zweig, Alfred Döblin, Bertolt Brecht, Ernst Toller, Albert Einstein, Lion Feuchtwanger, Joseph Roth, Ernst Hemingway, entre otros. La nueva Alemania es cada días más peligrosa: los colaboradores de *Die Sammlung* se arriesgan a que sus obras sean prohibidas en Alemania: por eso, Hermann Hesse da marcha atrás, exigiendo que su nombre desaparezca de la redacción, y Stefan Zweig se muestra reticente, mientras Annemarie financia la publicación, a consecuencia de lo cual el gobierno nazi prohíbe su presencia en Alemania a partir del verano de 1934.

En agosto de 1934 parte a Moscú, con Klaus Mann, para participar en el I Congreso de Escritores Soviéticos, donde se entusiasma viendo el interés popular por los escritores y la literatura; conoce a Malraux, pasea por Moscú y por Leningrado, toma notas de todo lo que ve, del esfuerzo por una vida digna, de la pasión revolucionaria, y se conmueve viendo rasgos sorprendentes de la vida soviética, como el hecho de que las fábricas anuncien en sus talleres la publicación de nuevos libros. Annemarie concluye: la información negativa que circula en Europa sobre la Unión Soviética se basa en falsedades.

Después, viaja en tren hasta Tiflis, en Georgia, y vuelve a Persia, donde, en Teherán, conoce al diplomático francés Claude Achille Clarac, y permanece allí tres meses, pero sus demonios personales continúan acosándola. Europa camina hacia el desastre, y Annemarie lo intuye: ve cómo en la propia Suiza neutral se persigue a los exiliados, a los refugiados, algunos detenidos son entregados a la Gestapo alemana, y declaran indeseables a los judíos, mientras su amiga Erika Mann tiene serios problemas con su cabaret antifascista en Zúrich, con los nazis suizos acosando las representaciones. Annemarie insiste en su adicción a las drogas, se pelea con su familia, teme la ruptura con Erika, a quien ha defendido públicamente, y, a principios de 1935, tras ingresar en un sanatorio, intenta suicidarse.

En abril, parte hacia Trieste, y se embarca hacia Beirut: allí la espera Claude y ambos viajan por carretera hacia Persia, pasando por Palmira, donde se hospedan en el hotel Zenobia de Marga d'Andurain, una espía francesa de origen español que trabajaba al servicio de Gran Bretaña, a quien Annemarie dedicará un relato. Un mes después, se casa en Teherán con Claude Achille Clarac: él, prefiere los hombres; ella, las mujeres. Es un matrimonio de ocasión, como el de su amiga Erika Mann con Wystan H. Auden, que consigue así pasaporte británico, como Annemarie consigue pasaporte francés por su matrimonio con el diplomático, pero sigue siendo una mujer libre, sin ataduras, dispuesta a preservar su territorio. Annemarie contrae la malaria, vive un apasionado amor con Yalé, la hija del embajador turco, con quien sueña en escapar a Estambul, y empieza a escribir *Muerte en Persia*. La inesperada muerte de Yalé es un duro golpe para ella, pero encuentra otro amor con la fotógrafa Barbara Hamilton-Wright, con quien viajará después a Estados Unidos. Las malas noticias se encadenan: recibe también la noticia del suicidio de su amigo el escritor René Crevel. En *Muerte en Persia* da cuenta de su desesperación, y, a diferencia de sus obras anteriores, muestra los amores lesbianos. Ese viaje a Persia dura de mayo a septiembre, tras el cual Claude desaparece de su vida, aunque lo vea después en alguna ocasión. Él mismo confesará que el enlace matrimonial fue "una locura".

Vuelve a Suiza: en ese momento, Annemarie sólo tiene veintisiete años, y está prisionera de la droga: ingresa en una clínica a orillas del lago Leman; la cura es un infierno. Además, la ruptura con su familia la sume en agobios económicos, hasta el punto de que no tiene dinero ni para el alquiler de la casa donde vive en Sils, ese lugar que quiere, dice, "como se quiere a una mujer hermosa". Tiene dificultades para publicar un volumen de relatos, *Der Falkenkäfig*, y Klaus Mann y Stefan Zweig median para que lo consiga, pero el editor vienés de Zweig teme problemas con Alemania si publica a Annemarie: hay alusiones políticas y un relato, "La tierra prometida", donde judíos alemanes y austriacos llegan a las costas de Palestina, y las autoridades nazis vigilan con severidad.

En junio de 1936, va de vacaciones a Mallorca, con Klaus y Erika Mann, sin saber que la guerra en España está a punto de estallar, y se encuentran con André Gide. Después, vuelve a Sils, donde verá a Thomas Mann. El 26 de agosto de 1936 embarca para América, en Le Havre. Menos de un mes después, le siguen los Mann, que la encuentran gravemente enferma. A inicios de 1937 se va con Barbara Hamilton-Wright y visita fábricas norteamericanas, tomando fotografías que muestran la miseria obrera en los Estados Unidos. Vuelve a Europa y, en mayo de 1937, viaja a Riga, Leningrado y Moscú. En septiembre, de nuevo vuelve a Estados Unidos, con Barbara y Klaus, y recorre el sur del país, donde, en las plantaciones y en el interior rural constata situaciones muy cercanas a la esclavitud. Viaja a Austria en 1938, anexionada poco antes al Reich alemán y, con su pasaporte diplomático, ayuda a pasar a Suiza a muchos antifascistas austriacos. De vuelta, la droga le pasa factura: tiene que ingresar tres veces en la clínica. Vive intensamente el combate antifascista en Europa, aunque ella esté prisionera de la droga, y, pocos días antes de los acuerdos de Múnich, viaja a Praga, y, en octubre, ingresa, de nuevo, cuatro meses en la clínica de Yverdon. Escribe sin descanso, con desasosiego, y sus relatos tienen la sombra de Hemingway, mientras teme perder la amistad de Erika, siempre tan importante para ella.

En 1938, conoce a Ella Maillart, con quien hará su cuarto y último viaje a Persia, y visitará Afganistán. Maillart es una escritora y fotógrafa suiza, experimentada viajera, que había estado en la Unión Soviética, China, la India, Irán. Durante meses, ambas preparan el viaje a Afganistán, y consiguen el patrocinio de un museo de Zúrich y Annemarie un adelanto editorial para las páginas que piensa escribir. Viajan a París, Londres y Berlín para documentarse sobre la ruta, y el 6 de junio de 1939, parten con el Ford *Roadster* con matrícula del cantón de Graubünden 2111, de Annemarie. En dos meses, atraviesan los Balcanes, Turquía (su Ford, escribe, "en la cubierta del vapor turco Ankara, bordea la costa de Anatolia"), Teherán y llegan, finalmente, a Kabul. Allí, Annemarie enferma, se enamora de Ria Hackin, esposa del arqueólogo Joseph Hackin, y cuatro meses después, en octubre, Ella y Annemarie se separan. El viaje ha sido tormentoso, y las dos concluyen que lo mejor es dar término a su "ruta cruel", como titulará Maillart su libro sobre el periplo, que le dedicará a Cristina (Annemarie), *in memoriam*. Annemarie parte hacia Kunduz en busca de Ria, y sufre una grave crisis que hace temer por su vida. Ha vuelto a las caravanas, a la *Gongad-e Qābus*, a los peregrinos de Mashhad, a los afganos de turbante blanco en la *ruta de la seda*, a las escolares de Kabul, en la primera escuela femenina de la ciudad, que Annemarie teme que un día queden confinadas "al lóbrego cautiverio del chador".

El retorno a Europa es trabajoso: desde Afganistán, recorre con su automóvil los polvorientos caminos que atraviesan el oeste de la India británica, el futuro Pakistán, y, en enero de 1940, Annemarie se embarca con su Ford en Bombay en el buque italiano *Conte Biancamano*: pasa todo el mes a bordo, y, cuando llega a Génova, la Segunda Guerra Mundial se ha apoderado de Europa.

Consigue publicar ese año *El valle feliz*, en la editorial Morgarten de Zúrich, donde narra su angustia, y cita el suicidio de su amigo el arqueólogo Carl Bergner, "en un jardín de Isfahán, completamente solo, se disparó una bala en la cabeza". No aguanta mucho tiempo en Sils: el 3 de mayo, embarca en Lisboa hacia Nueva York: una semana después, Hitler lanza sus tropas sobre Bélgica y Holanda, y, al mes siguiente, el mundo asiste con espanto a la capitulación de París: Hitler se fotografía ante la torre Eiffel con Albert Speer y Arno Breker; es el dueño de Europa. Annemarie se encuentra con los Mann, colabora en un comité que ayuda a los refugiados que huyen del fascismo, y vuelve con la baronesa Margot von Opel, con

145

quien decide ir a vivir su amor unos meses, en Estados Unidos; primero, cerca de Boston, y después a la isla de Nantucket, al sur de la bahía de Cabo Cod, en Massachusetts. Consigue colaborar con el *Washington Post*, y, en junio, conoce a Carson McCullers, que sólo tiene veintitrés años y publica ese mismo año su primera novela, *El corazón es un cazador solitario*, un título que parece definir a la inconsolable Annemarie. Su segundo libro, *Reflejos en un ojo dorado* (donde Tennessee Williams encontró la "intensidad y nobleza de espíritu que no veíamos en nuestra prosa desde Herman Melville"), se lo dedica a Schwarzenbach, de quien se enamora perdidamente, pero su relación sentimental se rompe.

En esas tinieblas trastornadas del amor, Annemarie sigue prisionera de sus demonios, se distancia de Carson, y todo se precipita: en noviembre, muere su padre, se pelea violentamente con Margot von Opel en un hotel de Nueva York, e intenta suicidarse. Ingresada en un hospital, le diagnostican esquizofrenia y es trasladada a un manicomio en Greenwich, al norte de Manhattan, donde la maltratan, y de donde logra escaparse y llegar, tras andar toda la noche por los bosques, sin dinero, aterida, a Nueva York. Los Mann la rehúyen; sólo Carson McCullers, Alfred Wolkenberg y Ruth Landshoff-Yorck la socorren. Intenta reconciliarse con Margot, pero fracasa, y, desesperada, se corta las venas; la policía la traslada entonces al hospital psiquiátrico de Bellevue, en la Primera Avenida de Manhattan. Ha llegado al fondo de un pozo de espanto y desesperación. Finalmente, gracias a su hermano Alfred, la policía le permite salir de la clínica White Plains y es trasladada directamente al puerto para embarcarse a Lisboa, donde pasará casi un mes.

En marzo de 1941, vuelve a Suiza, pero su madre la expulsa de la casa familiar, y, al mes siguiente, viaja al Congo: quiere ir a Brazzaville, capital del gobierno francés en el exilio que dirige Charles de Gaulle, para colaborar con la resistencia. Parece a punto de conseguir trabajo en Radio Brazzaville, pero las sospechas de espionaje

146

a favor de Alemania, en el enrarecido ambiente de la guerra, se lo impiden. En julio, para escapar de la trampa en que se ha convertido para ella Léopoldville, sube a un vapor que recorre el río Congo hacia el corazón de las tinieblas. Se detiene en Lisala, y llega a Molanda a principios de agosto, una plantación, tras recorrer doscientos cincuenta kilómetros en un camión, exhausta. A finales de octubre, regresa a Léopoldville, y escribe, aislada, infatigablemente, recibiendo algunas cartas, como las de Carson McCullers, quien, trémula y tierna, la sigue amando desde tan lejos. Annemarie acaba la novela que estaba escribiendo, *Das Wunder des Baumes*, y decide volver, dejando a otro amor, una mujer inglesa, allí, en África. El 14 de marzo de 1942, sube al barco en Luanda, y entretiene los días escribiendo *Beim Verlassen Afrikas*, (*Al dejar África*), libro que nunca publicará. Llega a Lisboa, donde permanece seis semanas, y viaja a Madrid y a Sevilla, y, a principios de junio vuela a Marruecos para reunirse con su marido Claude, cónsul del gobierno de Vichy. Vuelve, de nuevo, en julio de 1942, a Bocken, a la casa familiar. Escribe, con pasión, pero el 6 de septiembre cae de una bicicleta y entra en coma: no reconoce a nadie, y muere el 15 de noviembre.

★ ★ ★

Había frecuentado los fumaderos de opio de Samarcanda, los desiertos y los jardines persas, y su amor perdido de *Muerte en Persia*, le había hecho soñar: "algún día, todo se esclarecerá. La muerte de Yalé y mi vida amargamente errada", escribió, acariciando el sueño de que podría escapar del desamparo. Nunca supo qué era lo que buscaba, aunque lo persiguiese con ahínco; solitaria, quiso huir de una vida banal y de la insatisfacción burguesa, pero siempre recurrió a la fortuna familiar para vivir. Estaba cansada de Europa, y quería vivir la aventura, viajar era huir. Como Klaus Mann, siempre con su vida nómada, como Rimbaud o Thomas E. Lawrence, Annemarie arras-

147

traba su vida errante por países remotos, pero la soledad era su fatalidad y su destino, siempre prisionera de la melancolía. A la muerte de Annemarie, aquella madre posesiva y burguesa, educada bajo el rigor de la milicia, quemó los papeles de su hija, los diarios donde escribió sus obsesiones, los manuscritos que no había publicado, las cartas que intercambió con los Mann o con Carson McCullers, y lo hizo el mismo día de su muerte, como si quisiera callarla para siempre,

"He ensayado en Persia todas las formas de vida posibles, pero siempre he fracasado". "Nuestra vida se asemeja a un viaje", escribió en *Todos los caminos están abiertos*, el relato de su odisea a Afganistán con Ella Maillart. Viajar era la vida; y la literatura, un viaje. La Katharina Petronova del relato "Un aviso", una rusa de Kiev que ha roto con su marido austriaco en Teherán, ve como su amor Iván va a recoger al hijo de ambos: "No te dará miedo esperar aquí sola, ¿verdad?", escribe Annemarie, como si hablase de sí misma. "Siempre sola, empujada hasta el mismo borde del abismo", expresó en *El valle feliz*, el valle del río Lahr. "Sólo vivo cuando escribo", anotó también, aunque su madre pretendió alejarla de la escritura; porque escribió para sobrevivir: la vida y los viajes, unidos por la escritura. Triste, inclinada a la soledad, magnética y presentándose en sus páginas como si fuera un hombre, nunca renunció a nada.

"Ver a una mujer, y sentir en ese mismo instante que también ella me ha visto", escribió Schwarzenbach en *Eine Frau zu sehen*. Como Radclyffe Hall, en *El pozo de la soledad*, o Virginia Woolf en su *Orlando* para Vita Sackville-West, Annemarie escribió muy joven, con veintiún años, un texto (*Ver a una mujer*, inédito en vida y publicado por su familia casi ochenta años después) donde recoge el derecho al amor entre mujeres, sin tener que justificarse ante el mundo, pero vivió siempre huyendo. Como su protagonista de *Muerte en Persia*, su fulgor termina en el fin del mundo, aunque la muerte estuviera agazapada tras una sencilla bicicleta para poner fin a la vida errante de Annemarie Schwarzenbach.

148

Lee Miller, del glamour de Vogue al horror de Dachau

El 30 de abril de 1945, con la Segunda Guerra Mundial a punto de terminar en Europa, el fotógrafo norteamericano David E. Scherman, que ni siquiera tiene treinta años, toma una instantánea que ha preparado cuidadosamente con la mujer a quien acompaña; los dos han hecho miles de fotografías en esos meses anteriores: ambos avanzan con las tropas norteamericanas, documentando el horror de la guerra. Scherman captura la imagen en el antiguo apartamento del *führer* nazi, en Múnich, en el 27 de la Prinzenregentplatz, y, después, le pondrá un singular título: *Lee Miller en el baño de Hitler*. En la escena, Miller, una mujer aún joven que siempre llamaba la atención, está dentro de la bañera; ha dejado sus botas sucias de barro del campo de exterminio de Dachau sobre la alfombra, y un retrato de Hitler con los brazos en jarras descansa sobre el borde de la tina. Es una imagen que tanto a *Life*, donde trabaja Scherman, como a *Vogue*, donde colaboraba Miller, de nuevo, desde 1940, les interesa: *Vogue* la publica en julio de 1945. Los dos fotoperiodistas viajaban con la 83ª División de Infantería del Séptimo Ejército norteamericano, recorriendo la Europa en guerra, y toman esa fotografía tras enterarse en Múnich de que Hitler se había suicidado en Berlín: averiguaron la dirección de la vivienda donde el dictador vivió durante los años de construcción del partido nazi y prepararon el escenario. Era el mismo apartamento donde la joven sobrina del *führer*, Geli Raubal, se había suicidado extrañamente en 1931. El día anterior, 29 de abril, Miller y Scherman habían asistido a la liberación de Dachau, y pudieron ver y fotografiar el horror: centenares de cadáveres famélicos alineados junto a las alambradas del campo. En esos días llenos de ansiedad, Miller fotografía también a Wilhelm Guillon, el cartelista de la cervecería Sterneckerbräu, de Múnich, que Hitler y los nazis utilizaron como lugar de reunión durante los años en que preparaban el asalto a Berlín.

* * *

Cuando Lee Miller murió, en 1977, era casi una fotógrafa olvidada, hasta el punto de que su propio hijo, Antony, que desconocía su relevancia como fotoperiodista, se sorprendió al descubrir en el desván de la Farley Farm House, donde su madre había vivido, más de sesenta mil negativos, además de manuscritos y cartas, y el hallazgo le llevó a descubrir a su propia familia, y a narrar la vida de su madre en *Les lives of Lee Miller*. Después, la obra de Miller fue recuperada, en su faceta de fotógrafa de moda o de corresponsal de guerra, y numerosas exposiciones mostraron sus fotografías, como la que organizó el Imperial War Museum de Londres, en 2015, que puso énfasis en las imágenes de Miller donde aparecen mujeres, o la promovida por el museo The Hepworth Wakefield, de Wakefield, que llegó después a la Fundació Joan Miró, de Barcelona, y que aborda el papel de Miller en el surrealismo británico de la década de los veinte y treinta del siglo pasado.

Había sido modelo en Nueva York: conocemos su vida por el trabajo de la historiadora Becky E. Conekin, *Lee Miller in Fashion*.

150

Nace en una familia cuyo padre era de origen alemán, y su relación con el mundo de la moda se inicia con un incidente de tráfico en Manhattan, que le hizo conocer a Condé Nast, el dueño de *Vogue*, y a trabajar como modelo para la revista, siendo fotografiada por Arnold Genthe, Edward Steichen (quien le dio referencias de Man Ray) y Nickolas Muray, tres fotógrafos norteamericanos que habían nacido en Europa: parecía que todo le empujaba hacia el viejo continente. En 1929, con poco más de veinte años, Miller llegó a París, en busca de Ray: quería trabajar con él, aprender fotografía, y acudió a su casa del 31 bis de la **rue** Campagne-Première, sin encontrarlo; lo descubrió por casualidad en una taberna: cuando el fotógrafo le anunció que se iba a Biarritz, la impulsiva Miller lo siguió. Trabajó de ayudante de Man Ray, con quien mantuvo una relación sentimental, y por un azar descubrieron la técnica de la solarización, aunque Miller también trabajó en esa época con el barón George Hoyningen-Huene, un fotógrafo ruso que dirigía la edición francesa de *Vogue*. Ese mismo año, Miller visita Roma y Florencia para admirar el arte italiano; al año siguiente, 1930, organizó su propio estudio en Montparnasse, en la calle Victor Considérant, 12; y viaja a Suecia. Inmersa en el surrealismo, Miller fue siempre una mujer independiente, que llevaba a cabo provocaciones deliberadas como esa atroz fotografía de 1930, *Sin título. (Pecho amputado de una mastectomía)* donde dispuso en un plato con cubiertos la mama que había conseguido en un hospital. Armada con su Rolleiflex o con la Leica que llevó años después al desierto, Miller tenía una mirada surrealista que impregnó buena parte de sus obras.

Conoce a Cocteau, de quien protagoniza, en 1930, su película *Le sang d'un poète* (que fue saboteada por Breton y sus seguidores, en desacuerdo con los planteamientos del poeta y cineasta), al mismo tiempo que Max Ernst y Roland Penrose participan en la película de Luis Buñuel, *L'Âge d'or*. Miller sigue la corriente surrealista, donde todos juegan con los objetos, la oscuridad, los sueños, la casualidad:

Herbert Read otorgaba calidad de artista, además de al ser humano, a la naturaleza y al azar. Miller fotografía a Chaplin, y hace amistad con Eileen Agar y Max Ernst, que concurren a los círculos donde se mueven Breton, Tzara, Masson, Man Ray, Miró, Buñuel, Dalí, Tanguy, Éluard. Frecuenta el café Le Dôme, en Montparnasse, donde también se citan Breton, Ray, Éluard, Dalí. Inconformista, ansiosa de aventuras, siempre fue una mujer libre, con Ray o con Penrose, con Picasso o con Scherman.

En febrero de 1932, Miller había participado, junto con Man Ray y Moholy-Nagy, en la exposición *Modern European Photography*, en la neoyorquina Julien Lévy Gallery, casi anunciando su retorno de Europa; y tras romper su relación con Man Ray en octubre vuelve a Nueva York y abre un estudio en la calle 48 Este. Miller se mueve en un torbellino entre el surrealismo y la *Neues Sehen*, o Nueva Visión, que bebía de ideas de la Bauhaus, aunque en sus fotografías de esos años también se encuentran influencias cubistas y de la *Neue Sachlichkeit* alemana o Nueva objetividad. Dos años después, en 1934, se casa con un hombre de negocios egipcio, Aziz Eloui Bey, a quien había conocido en 1931 a través de Chaplin, en Saint Moritz, y se trasladan a vivir a El Cairo. Al año siguiente, viaja a Jerusalén, y, según su propia confesión, vuelve a tener interés por la fotografía, busca escenarios; va a Siwa, a los monasterios perdidos, se envuelve en el perfume de la arena y de los atardeceres silenciosos del desierto.

En esa etapa, fotografía con frecuencia el páramo egipcio, como en la imagen de *The monasteries of Dier*, donde estalla la soledad y la falta de presencia humana; y toma desde la cima de la pirámide su célebre fotografía de la sombra del sepulcro de Keops vertiéndose sobre la necrópolis de Guiza. También, registra la curiosa escena donde Robin Fedden (un escritor que había fundado con Lawrence Durrell y Bernard Spencer la revista literaria *Personal Landscape*) esquía en la arena del desierto. En el verano de 1937, Miller vuelve de El Cairo e inicia su relación con Penrose (a quien conoce en una

152

"fiesta surrealista" —con Penrose disfrazado de mendigo—, en casa de las hermanas Rochas, dedicadas a la alta costura), aunque hasta 1939 no formaliza su separación de Aziz. Penrose es un hombre inquieto, inmerso en el surrealismo y en campañas políticas: al inicio de la guerra civil española, en octubre de 1936, invitado por el Comisariado de Propaganda de la Generalitat, y acompañado del poeta comunista David Gascoyne, había viajado a Barcelona en misión de solidaridad con la España republicana para fotografiar, rodar y documentar la nueva situación política y utilizar después el material en Gran Bretaña. En junio de 1937, Penrose conoce a Miller en París y, al mes siguiente, la invita a un jolgorio surrealista en Cornualles, en la casa de su hermano, que Penrose aprovecha para crear permisivos y abiertos encuentros sexuales entre los presentes. Allí, Miller se encuentra con Man Ray, y conoce a Paul y Nusch Éluard, Max Ernst, Eileen Agar, Leonora Carrington, y todos le sugieren pasar el verano en Mougins, en el sur de Francia, donde Man Ray y los Éluard pasaban una temporada en casa de Picasso y Dora Maar. El encuentro genera una relación y una mutua atracción que lleva a Picasso a pintar durante ese verano seis retratos de Miller, la mayoría caracterizada como arlesiana, siguiendo la pauta que Van Gogh había establecido en su retrato de Madame Ginoux casi medio siglo atrás. En uno de los retratos, la fotógrafa norteamericana tiene un ojo que recuerda al símbolo de la anarquía y la oreja resuelta en un ocho rebelde, o, quién sabe, como el infinito, y, en todas las pinturas, con rotundos pechos, e incluso en uno con el sexo explícito de esos días de mar y libertad. Uno de esos cuadros lo comprará Penrose, y pese al código primitivista y cubista del lienzo, no impidió al pequeño hijo de Miller (Antony, que tuvo en 1947), con dos años, descubrir en él a su madre, de quien, treinta años después de su muerte, se mostraría convencido de que había sido amante de Picasso. La relación de Miller con el pintor español (a quien Penrose dedicará años de estudio, la biografía que publicó en 1958, y varios ensayos) se mantendrá hasta su muerte, a quien fotografiará centenares de veces, pintando o en escenas de su vida cotidiana, hasta el punto de que llegó a calificarse con frecuencia, por broma o coquetería, como "viuda de Picasso".

De esos días azules de intemperies radiantes son la conocida fotografía de Miller donde Paul Éluard esconde su rostro con el sombrero y la mano con el cigarrillo, mientras Nusch Éluard se apoya sonriente en su hombro, y la de Man Ray, donde el fotógrafo norteamericano capta a Penrose, Ady Fidelin, Picasso y Dora Maar en la playa, todos en bañador, Dora Maar con un enorme bikini cuya parte inferior le sube casi hasta el pecho. Tras esas jornadas felices, Miller vuelve a El Cairo, aunque mantiene una constante correspondencia: echa de menos los círculos surrealistas y el ambiente artístico, y pide a Penrose que le envíe las direcciones de Ray, Picasso, Breton, Éluard, y libros sobre surrealismo. Después, le llegan las cartas de amor de Penrose, quien sigue preocupado por la guerra civil española: en octubre de 1938, coordina la exposición del *Guernica* en Londres, que después irá a Manchester, Oxford, Leeds y otras ciudades para recaudar fondos en solidaridad con la España republicana. A finales de ese 1937, Miller expone en la London Gallery una curiosa escultura (*Le Baiser*), junto a las de Penrose, Magritte y Eileen Agar, aunque no acude a la exposición. En 1938, publica fotografías en la revista *London Bulletin*, que también se hacía eco de artistas como Joan Miró, y viaja con Penrose por los Balcanes, fotografiando campesinos; viaje que repite al año siguiente cuando Penrose llega a Egipto en enero y juntos recorren oasis del desierto. La vida de Miller había cambiado: en junio de 1939, se separa de Aziz y se instala en Londres, en casa de Penrose, y vuelve a frecuentar los ambientes artísticos; se reúnen con los surrealistas de la capital británica en un restaurante español del Soho, Barcelona: Henry Moore, Paul Nash, Eileen Agar, John Banting, Édouard Mesens, Conroy Maddox, Humphrey Jennings. Tras la guerra, se instalan en esa Farley Farm House, en Chiddingly, Sussex, donde Miller vivió con Roland Penrose (con quien se casa en 1947, tras obtener el divorcio de Aziz) hasta su muerte. Ese verano de 1939 es una frontera en su vida. Miller y Penrose se encuentran en Antibes, en agosto, con Picasso y Dora Maar: la República ha sido derrotada, y, aunque no podían saberlo, la Segunda Guerra Mundial estaba a punto de estallar.

El ataque nazi a Londres, el *Blitz*, en 1940, permite a Miller iniciarse en la fotografía de guerra, cuyas imágenes publicará en un libro de título revelador: *Grim Glory: Pictures of Britain under fire*, que tenía el objetivo de contribuir a que Estados Unidos entrara en la guerra, y aunque continúa con la fotografía de moda para *Vogue*, esa faceta le aburre cada vez más, y empieza a escribir para la revista. En 1941 inicia su colaboración profesional y su relación sentimental con David E. Scherman: documenta el esfuerzo de la mujer británica en la industria de guerra, en fábricas textiles, trabajando con tractores; colabora con Margaret Bourke-White para *Vogue*, a quien fotografía en 1942, posando con su cámara bajo un avión de la fuerza aérea norteamericana. Bourke-White, casada con el escritor Erskine Caldwell, era también una famosa fotógrafa, que había conseguido fotografiar a Stalin en el Kremlin y que, además, era la única fotoperiodista extranjera a la que las autoridades soviéticas permitieron acercarse al frente alemán. La fotografía de la redacción de *Vogue*, donde se ven siete serias mujeres bajo un cartel de *No smoking*, o la imagen del duro Clark Gable, con gesto triste (acababa de incorporarse a la fuerza aérea tras la muerte en accidente de su esposa Carole Lombard), a quien Miller fotografía en 1942 apoyado en un avión, en una base británica, son muestra del nuevo rumbo que toma su trabajo. Como esas otras imágenes de tiempos de guerra, donde capta a Henry Moore, refugiado en el metro de Londres durante los bombardeos alemanes, entre la gente que duerme en las escaleras; o la del periodista Ed Murrow, responsable de la CBS en Europa, ante

155

su máquina de escribir y mordiendo su pipa; y a Marta Gellhorn, en su escritorio, adornado con una fotografía de Hemingway.

En 1943, Miller empieza a trabajar como corresponsal y sigue colaborando en *Vogue*, enviando fotografías y textos durante la guerra: la del sitio de Saint-Malo, donde capta al médico con el broncoscopio y al herido con graves quemaduras que murió después, en Normandía; la escena de las mujeres colaboracionistas de Rennes a quienes la resistencia había rapado la cabeza. En las fotografías, Miller utiliza el código surrealista en paisajes devastados o en amasijos de estatuas rotas, pero se aleja de las convenciones del movimiento. Fotografía también a los prisioneros liberados de Dachau, en abril de 1945; los hornos crematorios de Buchenwald y de Dachau, al SS de Buchenwald de cara ensangrentada que es devuelto al campo por los antiguos prisioneros; y a la familia nazi que se había suicidado en Leipzig.

Después, con las tropas norteamericanas, Miller llega a París el 25 de agosto de 1944: la ciudad había sido liberada el día anterior por los republicanos españoles del general Leclerc y por la resistencia francesa. Antes de llegar a París, Miller había pasado por la fortaleza de Saint-Malo, donde los norteamericanos bombardearon con *napalm*, en ese mismo agosto de 1944. La rendición de los soldados alemanes del coronel Andreas von Aulock en Saint-Malo, presenciada por Miller, ha ido acompañada de la destrucción de la ciudad por las fuerzas norteamericanas, y explica el gesto de disgusto de Miller cuando Scherman la fotografía con su uniforme de campaña. Curiosamente, el coronel Hubertus von Auclok, hermano del Andreas de Saint-Malo, luchará en París los días anteriores a la liberación de la ciudad. Ese 25 de agosto de 1944, con la liberación, Lee Miller es la primera fotógrafa que entra en París tras la derrota de los nazis. Cuando terminan los combates, el alto mando de las fuerzas aliadas se instala en el hotel George V, y los curiosos van a ver el humo que surge de las oficinas ennegrecidas de las *Waffen-SS* de la

156

rue Auber, mientras Miller corre a visitar a Picasso, en su estudio del número 7 de Grands Augustins: cuando vio al pintor, se abrazaron, emocionados. No se habían visto desde agosto de 1939, en Antibes, cuando la guerra estaba a punto de estallar.

Miller se instala en el hotel Scribe de París (en una desordenada habitación que Scherman fotografía, con una cama de hierro y una mesa repleta, con la máquina de escribir portátil y la botella de coñac que la fotógrafa bebía sin descanso); es un hotel que en esos días frecuentan también Robert Capa y John G. Morris, y Miller recoge sus impresiones de unos días terribles, dolorosos y radiantes por la libertad recuperada. Unas jornadas después, fotografía a Picasso, junto a Paul Éluard, Roland Penrose, Elsa Triolet, Nusch Éluard y Louis Aragon. Su amistad con el pintor español se había mantenido intacta desde aquel verano de 1937, cuando Miller, junto con Penrose, los Éluard, Man Ray y Ady Fidelin, y Max Ernst y Leonora Carrington, fue a la Costa Azul, a Mougins, donde, en el hotel Vaste Horizon, veraneaban Picasso y Dora Maar. No hacía tanto tiempo de ello, pero aquellos días despreocupados pertenecían ya a un pasado lejano. En septiembre de 1944, fotografía a Fred Astaire, que actúa para los soldados en el Teatro Olympia de París; a la sonriente chica en bicicleta junto a la torre Eiffel, en una imagen que titula *París Fashion*, y que parece anunciar un tiempo nuevo; y, después, a Magritte; a Paul Delvaux en Bruselas, y a Colette en su apartamento del Palais Royal. Su trabajo para *Vogue* le lleva a fotografiar también a Marlene Dietrich, ese mismo año.

Miller había fotografiado Dachau, Buchenwald (donde capta la aversión del cadáver de un SS que se ha ahorcado), y el recuerdo la persigue. Las imágenes de los campos de concentración nazis son estremecedoras: esas escenas la atormentarán durante el resto de su vida, hasta el punto de sumirla en una grave depresión. La guerra, por fin, termina. En las primeras semanas de posguerra va al hospital infantil de Viena, recorre Alemania y escribe artículos. Después, en

1946, viaja por la desolación de posguerra en Hungría y Rumania, fotografiando, por ejemplo, la soledad de la reina madre Elena de Grecia en Sinaia, en un palco del castillo de Valea Peleş, el palacio de verano de la monarquía rumana. En Budapest, el 10 de enero de 1946, Miller fotografía el pelotón de fusilamiento que está a punto de ajusticiar a László Bárdossy, primer ministro húngaro, condenado por criminal de guerra y colaboracionista con los nazis por un tribunal popular. Sin embargo, no sólo se persigue a los nazis; las tropas norteamericanas y británicas empiezan a documentar también la actividad de los comunistas en todos los países europeos adonde llegan: de hecho, Miller era investigada por los servicios secretos británicos y considerada una relevante comunista desde 1941, que elaboraron también informes sobre su relación con Picasso.

El horror de la guerra y los campos de exterminio marcaron a Miller para siempre. Tiene ya serios problemas de depresión, abusa del alcohol, pero continúa su labor como fotógrafa, retratando a Max Ernst, Wifredo Lam, al diseñador Isamu Noguchi, al pintor Yves Tanguy, a la escritora y pintora Dorothea Tanning, a Igor Stravinski o Dylan Thomas. En 1947, se casa con Roland Penrose, y viven en Hampstead, en Londres, en el 36 de Downshire Hill. Ese mismo año, fotografía a T. S. Eliot, y a Stephen Spender; a Giorgio Morandi, en Venecia, en 1948, y, todavía, a Oskar Kokoschka, en 1950. Ese año, Miller publica en *Vogue* fotos del Dublín de James Joyce; y reciben la visita de Picasso. En 1953, Miller fue comisaria en Londres de *The Wonder and Horror of the Human Head*, una exposición que mostraba la cabeza de los seres humanos en la historia. Después, Miller acompaña a Penrose a ver a Picasso en París, en 1955, y después a España, a Málaga y Granada, en busca de la infancia del pintor español, y Miller capta la vida de las calles andaluzas. Pero en su casa inglesa se ocupa cada vez más de fogones, de cocina, y obtiene reconocimiento; aunque hace retratos de artistas a quien Penrose estudia, como Picasso o Miró, la fotografía llena cada vez menos su

158

vida. Todavía se vio a Miller en Sitges, en 1972, abrazada por Penrose ante la iglesia encaramada sobre la playa, y aún fotografía a Tàpies al año siguiente, para el libro que preparaba Penrose.

El último viaje del capitán Cook, la obra de Penrose que tardó treinta años en terminar, envuelve un torso de mujer, sin extremidades ni cabeza, encerrado entre los alambres de una esfera terráquea, que parece recordar, aunque nunca fuera esa la intención del autor, que la mujer es también la tierra, y, como ella, libre, hermosa y fértil, tempestuosa y marina, aunque prisionera, como Lee Miller, del dolor y la cólera de un tiempo sin clemencia, rehén del horror de la guerra, una fotógrafa que recorrió la travesía que llevaba desde las páginas de *Vogue* y del *glamour* fútil de la moda hasta la oscuridad y la angustia de Dachau, y nunca pudo volver a salir de ellas.

Andy Warhol, pintando con una fregona

Andy Warhol era un chico pobre de Pittsburgh que siempre soñó con la riqueza, fue elevado a icono de la contracultura y se convirtió en uno de los artistas más famosos del mundo, uno de los patrones de ese *pop art* acuñado por el crítico Lawrence Alloway y que, de Johns a Rauschenberg, de Oldenburg a Lichtenstein, llenó la imaginación de Estados Unidos y Gran Bretaña durante los años sesenta del siglo pasado. Su museo en Pittsburgh, esa decadente ciudad del acero, es el mayor dedicado a un artista en Estados Unidos; y su reputación entre coleccionistas y museos, se sostiene: la lata de sopa de Warhol fue vendida por once millones de dólares, uno sus retratos de Marilyn (hizo más de una decena) se vendió por veintiocho millones, y sus devotos dejan envases de Campbell ante su lápida en el cementerio de la *Steel City*.

Recorrer las obras y las ocurrencias de Warhol (que fueron presentadas en el primer semestre de 2018 en el Caixaforum de Barcelona, y, después, en Madrid: *Warhol, el arte mecánico*) ayuda a entender los brillos de unos personajes y una época neoyorquina, los años sesenta y setenta del siglo XX, que se desvanece, aunque algunos, como el mismo Warhol, sigan mereciendo una injustificada atención, en un borroso reflejo de las fiestas interminables de esos años de apogeo del capitalismo norteamericano donde *ser* famoso (no importa por qué razón, y si se debía o no al mérito o la excelencia en alguna actividad) abría todas las puertas, y donde estar presente en algunos lugares de Manhattan otorgaba certificado de relevancia, en el inicio del camino que después recorrieron artistas de ocasión, buscavidas y pícaros de la modernidad, y que culmina, por ahora, en el vulgar exhibicionismo y en la putrefacción de una cultura de masas que, de la mano de la televisión, busca el conformismo, la abulia y el embrutecimiento popular.

Si hemos de creer en sus propias palabras, Warhol iba a la escuela por el *ghetto* checo en McKeesport, una pequeña población en el Monongahela, al sur de Pittsburgh. Estuvo seriamente enfermo durante su infancia, y estudió después en el Carnegie Tech que había fundado el magnate escocés, y, con poco más de veinte años, en 1949, se largó de Pittsburgh a Nueva York, donde empezó a vivir en cualquier tugurio neoyorquino, en pisos compartidos llenos de cucarachas, e incluso en un sótano de la calle 103 con Manhattan Avenue con diecisiete personas más. Vivió también catorce años, entre 1960 y 1974, en el 1342 de Lexington Avenue, casi en la 89, con su madre. De Lexington Avenue, Warhol se fue al 57 de la East 66, entre Madison y Park Avenue, hasta su muerte.

Muchos de sus recuerdos los desgranó en un libro de título espantoso y petulante, *La filosofía de Andy Warhol (de A a B y viceversa)*, volumen que, en realidad, escribió su secretaria Pat Hackett. Su primer libro tenía un título llamativo, *A*, donde Warhol grabó las ocurrencias de su amiga Ondine ("la persona más interesante que conocía" entonces) en varias sesiones, con trozos de charlas de los círculos donde consumían drogas y se relacionaban sexualmente sin precauciones. Warhol publicó también una recopilación de sus conversaciones con Hackett, *POPism*, donde ambos pasan revista al *pop art* y a la década de los sesenta del siglo XX. Hackett publicaría además los *Diarios* del serigrafista, conversaciones de aluvión que

162

mantenían cada día por teléfono, que, a menudo, son absolutamente prescindibles.

Tanto en la publicidad como en la pintura pop o como cineasta *underground* tuvo un enorme éxito. Empezó trabajando como grafista para *Tiffany & Co*, o *Vogue*, en el mundo de la publicidad y la palabrería, y se convirtió en uno de los inventores del *pop art* norteamericano, además de Wesselman, Oldemburg, Lichtenstein y Rosenquist. En 1962, expone por primera vez sus latas de sopa Campbell en la galería Ferus de Los Ángeles, que, después, algunos relacionaron con los cuadros azules de Yves Klein que había pintado a finales de los cincuenta, y consigue exponer en la neoyorquina galería Stable, donde coloca sus serigrafías de refrescos de cola y de Marilyn Monroe: corre 1962 y el nuevo *Pop Art* está en boca de todos, y, a partir de 1966, gracias al crítico de *Life*, David Bourdon, amigo de Warhol, su notoriedad aumenta: Bourdon compara las latas de sopa con los cuadros rojos y blancos de Rothko. Warhol, hábil, crea su primera Marilyn, pocos días después del suicidio de la actriz.

Warhol persiguió la fama y el dinero con ahínco: no tenía pretensiones, ni quería abrir nuevos caminos para el arte y la cultura. Su pintura, sus películas, sus obras, no tenían ambiciones, aunque museos como el Whitney de Nueva York lo acogieran en sus salas cuando tenía poco más de treinta y cinco años. Como años después consiguieron Jeef Koons o Damien Hirst, el dólar traía los laureles. Se inventaba las entrevistas, como el disparate hecho con John Giorno, "Un poeta entrevista a Andy Warhol", que nunca se publicó, o la entrevista que le hizo Gerard Malanga, su ayudante, en 1964: sus entusiastas repetían después que Warhol representaba un papel, y que esas charlas eran incluso trozos de comedias. También llegó a contratar a un doble, Allen Midgette, para que hiciera conferencias por él, convenientemente ataviado con peluca plateada y gafas de sol, como él. El escenario de sus éxitos fue The Factory: estaba en la quinta planta del 231 East 47th Street, entre la Segunda y la Tercera

163

Avenidas y junto a la ONU, y fue durante los años sesenta, antes de los sucesivos cambios, un lugar para celebrar fiestas, consumir drogas, compartir sus relámpagos sexuales y para que los empleados trabajasen en el negocio de Warhol; desde allí, Warhol vio pasar al Papa y a Kruschev que se dirigían a las Naciones Unidas. También para recibir a quienes iban a pavonearse, ricos y desocupados que querían ver orgías y rozarse con la fama: acudía gente como Ginsberg, Kerouac, Giorno, Jagger y sus colegas, Hopper, Capote, Bob Dylan, Barnett Newman, además de actores porno, travestis y chaperos, y tocaba el grupo de Lou Reed y John Cale, The Velvet Underground. Cuando ya era muy conocido, pudo contratar a varios ayudantes que realizaban buena parte de la carga: creó el viejo taller donde el trabajo de otros era vampirizado por el propietario.

Después, en 1968, la *Factory* se instaló en la sexta planta del número 33 de Union Square West: allí fue, ese mismo año, donde una de sus seguidoras, Valerie Solanas, le disparó con un revólver, dejándole secuelas para siempre: creyó morirse y ese temor no le abandonó nunca. Allí trabajaba Warhol, entre Fred Hughes (una especie de agente suyo, que le organizaba jolgorios y citas), Paul Morrisey y Vincent Fremont. Crea entonces *Interview*, con Gerard Malanga, un poeta que se convirtió en su principal ayudante durante los años de la Factory en la calle 47. Era una revista conservadora, repleta de anuncios comerciales, y que jugaba con la celebridad de quienes se creían personajes relevantes: uno de sus responsables, Bob Colacello, llegó a decir que la revista pretendía "la restauración de un mundo tan *glamouroso* y tan olvidado como el de las dictaduras y las monarquías". Finalmente, en 1974, se instaló en el 860 de Broadway, también junto a Union Square Park. En esos años setenta, Warhol frecuenta el Studio 54, la discoteca donde iban todo tipo de personajes ricos y desocupados que no tenían que madrugar cada día, a que los vieran, a sentirse tocados por la gloria, y para ver a Liza Minnelli, Elizabeth Taylor, Mick Jagger y tantos otros.

164

Warhol había hecho los retratos de Marilyn Monroe, Elvis Presley, Marlon Brando, Liz Taylor y, después, mantuvo una serie de comisionistas que le conseguían encargos: cualquiera podía hacerse un retrato con Warhol, siempre que tuviese dinero. Warhol atendía a quienes podían pagar, y el procedimiento era sencillo: fotografiaba al cliente, hacía que el serígrafo (Alexander Heinrici, que trabajó también para Jasper Johns, Willem de Kooning, Robert Rauschenberg y Roy Lichtenstein; o Rupert Smith) le pasase a acetato la imagen, y, con sus ayudantes, la retocaba para hacer más atrayente al modelo, ampliaba el tamaño para que, finalmente, el mismo impresor le hiciese la serigrafía definitiva. De hecho, no importaba mucho cómo se hacía la obra, ni el producto final; uno de los precursores del movimiento, el pintor británico Richard Hamilton, había dicho que el *pop art* era resultado de "un truco publicitario, encantador y un gran negocio". Warhol cobraba veinticinco mil dólares por cada retrato: era una magnífica transacción. Muchas veces, el producto era fruto de la casualidad: en la segunda exposición que hizo en la galería Ferus, de Los Ángeles, Warhol había hecho imprimir retratos de Elvis Presley en un rollo de lienzo; el dueño de la galería, Irving Blum, los cortó y los dispuso como le pareció. Gerard Malanga concluyó que la elaboración de las serigrafías era muy fácil: lo más trabajoso era limpiar las planchas, y los retratos podían venderse en cualquier parte. Después de todo, el propio Warhol había dicho que para él los nuevos museos eran los grandes almacenes.

Empezó también a hacer películas, utilizando fragmentos desechados, largometrajes *underground*. La primera, *Sleep*, rodada en 1963, dura seis horas y muestra al poeta John Giorno durmiendo; a su estreno, un año después, asistieron nueve personas. A partir de 1963 se vuelca con el cine, y crea las *Screen Tests*, unas películas mudas de unos tres minutos donde retrataba a una persona: el modelo debía sentarse y Warhol rodaba, como hizo con Marcel Duchamp o Salvador Dalí. Nada más. Sin embargo, creyó ver en sus films una

165

travesía y una tierra más grande: en 1964 rodó ya catorce, y al año siguiente, más de veinte. En 1965, Warhol declara que va a dedicarse exclusivamente al cine y la música, abandonando la pintura. Trabaja entonces con el grupo The Velvet Underground, para quien hizo la famosa carátula del disco con un plátano amarillo, elogiada por sus incondicionales hasta el aburrimiento. Sus películas distribuidas coexistían con otras como *Blue movie*, donde Viva salía fornicando, y que se estrenaría treinta años después de su rodaje. Warhol iba al Max's Kansas City (un restaurante y club en el 213 de Park Avenue South, donde actuaban grupos como The Velvet Underground, Cherry Vanilla, New York Dolls, Iggy Pop, Lou Reed, Patti Smith, The Fast, B-52's, Devo, Suicide y otros muchos, muy poco conocidos, como Springsteen o Bob Marley) y allí seleccionaba personajes, o ellos mismos se presentaban en la Factory o asistían a las fiestas. Esos años alegres y despreocupados para esos asiduos de la noche, son también los años en que los soldados norteamericanos chapoteaban en el pantano de sangre de Vietnam.

A partir de los años sesenta, Warhol tenía poco que ofrecer: se centró en su revista, *Interview*, ocupado en conseguir publicidad, en guardar cualquier objeto o papel que le parecía relevante, en acumular obsesivamente las grabaciones que hacía, que hoy conserva el museo que lleva su nombre en Pittsburgh. Llegaba al delirio de rodar en video todo lo que ocurría a su alrededor, en la Factory, la gente que pasaba, las horas muertas. En los setenta, era ya un personaje dedicado a hacer negocios, aunque tal vez lo fue siempre, capaz de firmar latas de sopa y cajas de jabón, de utilizar el rostro de Mao y el de Farah Diba o el Sha de Persia; convertido en un hombre similar a Salvador Dalí, que fue capaz también de perseguir sin descanso ni pudor la fama y el dinero; no en vano, Breton ideó su *Avida Dollars* con el anagrama de su nombre. Sin duda, Warhol tenía sentido de la oportunidad: en 1974, presentó en París (en el Palais Galliera, un museo sobre moda) su exposición de retratos de Mao, con un papel

166

de lunares morados, utilizando la repercusión informativa que había tenido la visita de Nixon a Pekín en 1972.

En sus *Oxidaciones* (que tituló primero *Piss Paintings*, Pinturas de orina), realizadas a partir de 1977, Warhol orinaba sobre una superficie donde se había aplicado yeso y pintura al cobre, para conseguir tonos amarillos, verdes y calabazas, y pedía a conocidos suyos que fueran a mear también sobre sus obras, aunque el procedimiento tenía el inconveniente de conservar un olor repugnante. Según Colacello, en los años setenta se puso de moda en los círculos homosexuales de Nueva York asistir a sesiones de *watersports*, que consistían en acudir a locales de sauna donde hombres desnudos meaban encima de otros que estaban tumbados en el suelo. Esa orina era la forma de conseguir efectos sorprendentes para alguien que podía permitirse cualquier desorden del espíritu: también utilizó polvo de diamante. En 1964, Warhol empapela con triviales cabezas de vaca rosadas sobre fondo amarillo, serigrafiadas en papel, una galería de exposiciones, y, en sus *Silver Clouds*, o nubes plateadas, de 1966, infló con helio y aire unos cojines de plástico para que flotasen, como si fueran globos infantiles, que denominó "esculturas flotantes". Sus fieles, aplaudían.

A partir de 1977, con la inauguración de la discoteca Studio 54, los famosos y ricos iban allí, y también empezó a hacerlo Warhol: era el escenario perfecto para mostrarse, para estar presente en la prensa y la televisión. Esos finales de los años sesenta y principio de los setenta, los dedicó sobre todo a las películas, aunque tuvo problemas para su difusión. Era capaz de hacer tres o cuatro películas en un mes. *Empire* la rodó desde la planta 44 del rascacielos donde estaban *Time* y *Life*: es una película *underground* de ocho horas que muestra el *Empire State* de noche: puso a grabar la filmadora desde las seis de la tarde hasta la madrugada, acompañado del cámara John Palmer, de Malanga, y del cineasta lituano Jonas Mekas, entre otros. "Siempre he soñado con vivir en Los Ángeles" escribió en *América*, recordando los tiempos en que negociaba con los estudios de Hollywood.

Warhol era un tipo amante del dinero, a quien gustaba frecuentar los círculos donde la riqueza no tenía la menor importancia, obsesionado con la fama, y que perseguía a quienes la poseían; era un católico de misa diaria, devoto hasta el punto de rezar en su casa y en la iglesia, como las señoras que pasaban el rosario; inclinado, en cuestiones políticas, hacia los demócratas, sin alardes (contradictorio, al final de su vida afirmaba que no era ni de derechas ni de izquierdas, que le gustaba Reagan y que no tenía interés en viajar a la Unión Soviética), aunque estimulaba a sus empleados para que los votasen, ofreciendo incluso premios por ello. Satisfecho, el 14 de junio de 1977, fue a la Casa Blanca a enseñarle al presidente Jimmy Carter el dibujo que le había hecho. Ataviado con su disfraz, sin poder ocultar su nariz, siempre roja, que no le gustaba, anduvo con dermatólogos, y celebraba las gracias banales; afirmaba que lo más hermoso de Estocolmo o de Florencia era el McDonald's, a diferencia de Moscú o Pekín que no eran agraciadas porque carecían de ese tugurio de infames carnes picadas. Explicaba cualquier cosa cuando le preguntaba la prensa. La fama era una ventaja: hacía posible que conociera a quienes aparecían en las revistas de chismorreos. En sus últimos años era también un personaje mítico para el movimiento *gay*, como William S. Burroughs, hasta el punto de que una entrevista entre ambos (grabada en un restaurante de Irving Place) apareció, en octubre de 1980, en una relevante revista pornográfica para homosexuales, *Blueboy*, que tenía doscientos mil subscriptores, con ocurrencias entre ambos: Warhol afirma que debería ser la prostituta quien pagase al cliente, y los dos hablaron del tamaño de sus penes y otras agudezas semejantes.

Aquel chico de Pittsburgh se apropiaba de cualquier cosa, robaba motivos e imágenes de la publicidad o de los cómics, con el esquema de la repetición, aunque no desdeñaba otras fuentes de inspiración: fue a ver el cuadro de Tischbein, *Goethe en la campagna romana*, de

168

1786-87, que se encuentra en el Instituto Städel de Frankfurt, para inspirarse en él. Frecuentaba los programas de televisión, y bebía de la ramplona publicidad que empezó a inundar la vida de las ciudades norteamericanas. Warhol, siempre temeroso de arruinarse, convirtió la fama en una profesión, como en los *reality* de nuestros días. Desayunaba con sus criadas y después se iba por joyerías y anticuarios para regalar su revista y conseguir anunciantes, antes de volver a la oficina, mirar cartas, chismorrear, dibujar algo y prepararse para las fiestas o compromisos nocturnos.

En 1985, dos años antes de morir, publica *América*, con sus fotografías: es un libro patriótico (Estados Unidos es "el mejor país del mundo"), donde juega con sus viejas ideas: "El arte de masas es arte culto". Cuando estuvo ingresado en un hospital tras el atentado que sufrió, se dio cuenta de que su empresa Andy Warhol Enterprises funcionaba igual sin él: comprobó que el mejor arte eran los negocios. "Hacer dinero es arte, y el trabajo es arte, y un buen negocio es el mejor arte". Su confusión, o su hipocresía, llegaba al punto de afirmar que lo mejor de Estados Unidos era que los ricos "compraban esencialmente las mismas cosas que los pobres", ilustrando su convicción con el mejunje de cola azucarada que envenenaba ya entonces al país. Pero sabía perfectamente que no era cierto: él mismo cobraba decenas de miles de dólares por un retrato serigrafiado, mientras Joan Tiger Morse vestía a las damas burguesas de Nueva York, a quienes vendía vestidos de dos mil dólares, aunque los hubiese comprado por dos dólares y les hiciese después algunos arreglos: Jacqueline Kennedy y Jean Harvey Vanderbilt le compraban. Como Warhol, despachaba caprichos a quienes podían permitírselos.

Tuvo suerte: muchos de sus devotos críticos, elevaron insustanciales entrevistas a la categoría de literatura, sus respuestas infantiles fueron consideradas un hábil recurso para impugnar los tópicos de su época, y sus banales textos para su libro de fotografías, *América*, una deliberada y sofisticada estratagema que, supuestamente, War-

169

hol perseguía. Le dotaron de una fantasiosa aura de misterio, y de una sofisticación intelectual que estaba lejos de poseer, convirtieron su trivialidad en una tácita destreza para responder y defenderse de las imposiciones de la sociedad de consumo; fueron capaces de relacionar el cabello negro de su serigrafía de Liz Taylor con el *Libro de los muertos* de la cultura egipcia, dotándole de una profundidad y de unos recursos expresivos que siguen deslumbrando a sus hagiógrafos; hablaron de un "mundo Warhol" capaz de crear un centro de experimentación artística, la Factory, que los fascinó, aunque en la mayoría de sus creaciones apenas se vea hoy el oropel y el papel de plata: como el mismo Warhol reconoció, poseía una empresa donde, como cualquier patrón, los empleados trabajaban, aunque él mismo no hiciera nada en ocasiones. Hizo un personaje de sí mismo, dicen sus enamorados, pero, en realidad, elaboró un disfraz. Cuando, en el número 860 de Broadway, Warhol se puso una mañana a pintar con una fregona, mientras Christopher Makos lo fotografiaba, quedaban lejos los días de 1960 en que rondaba por Park Avenue intentando hacerse el encontradizo con Truman Capote, a quien admiraba y molestaba llamándole por teléfono, y a quien, años después, haría una fotografía con las cicatrices junto a la oreja por un estiramiento de piel, pero compuso, sin saberlo, una imagen de sí mismo tan real como el tipo célebre que acudía con su peluca gris a las fiestas exclusivas de Park *Avenue*. Católico ferviente, Warhol llegó a visitar a Juan Pablo II en el Vaticano, y era un comprador compulsivo: cuando murió, el comedor de su casa de la calle 66 estaba tan lleno de cajas (¡sin abrir!), que ni siquiera se podía entrar, con miles de objetos que había comprado; la subasta que hizo Sotheby's con sus pertenencias consiguió venderlas por veinticinco millones de dólares.

Buena parte de aquella contracultura que bautizó Roszak, un movimiento inconformista que supuestamente se enfrentaba a lo establecido, al poder, que había convivido con el movimiento *hippie* y seguido las pautas de la *generación beat* en el consumo de drogas,

170

en la libertad sexual, incluso en el rechazo de algunos rasgos de la cultura americana; que parecía merodear en los márgenes de la sociedad (no en vano jugaba como *underground*) era de hecho una oposición "prevista y autorizada por el sistema", como advirtió Giulio Carlo Argan, un artefacto que acabó como juguete de las noches de ocio de la *jet* neoyorquina, aunque, al mismo tiempo, Warhol ganase mucho dinero. Reproducir de forma mecánica, repetir un mismo motivo, la adoración a la cultura de consumo, el pop, las drogas, la juventud, las discotecas, la nueva música y el capitalismo optimista de los años sesenta, crearon un cóctel con el que se emborrachan en las noches neoyorquinas en Studio 54, aunque ese mismo capitalismo había sembrado la muerte en Indochina. Pero Warhol y sus amigos eran prisioneros de la obsesión por la fama, y el mercadeo con los rostros célebres de Estados Unidos o del resto del mundo, era una forma de vida, encerrada en las noches de Park Avenue, entre chismorreos sobre los grandes burgueses norteamericanos, sus fortunas y sus propios e intrascendentes líos sexuales. Esa sociedad del consumo que Warhol idolatraba, termina en un mar de plástico; ese consumo masivo que compra y derrama, que utiliza cualquier imagen de los productos de desecho de la economía capitalista, plasmado en las serigrafías de Warhol, fue elevado a la categoría de artefacto transgresor, que supuestamente rompía con las viejas convenciones sociales por el procedimiento de la repetición y el aspecto rudimentario, aunque nada tenía que ver con la deliberada tosquedad expresionista y, mucho menos, con su apuesta revolucionaria.

Olvidados ya los años de plástico y neón ("echo de menos esa época en que América tenía grandes sueños para el futuro"), el 25 de diciembre de 1983, Warhol recoge en su diario: "Me levanté y era domingo. Intenté teñirme las cejas y el pelo, pero no estaba de humor. Fui a la iglesia". Las últimas líneas de sus diarios, cinco días antes de morir, dicen: "me desperté a las 6'30 y no pude volverme a

171

dormir, así que me tomé unos Valiums, un Seconal y dos aspirinas, y me sumí en un sueño tan profundo que no me desperté cuando Pat Hackett me llamó a las 9. Como no contesté, se asustó porque nunca había pasado. Llamó por la otra línea y lo cogió Aurora desde la cocina. Y PH la hizo ir a mi habitación y despertarme. Yo hubiera preferido que me dejase dormir".

Virginia Woolf: los últimos vencejos

El último abril de su vida, Virginia Woolf encontró un atisbo de alegría: habían vuelto los vencejos, esas extrañas aves que duermen mientras vuelan. No lo sabía aún, pero no volvería a verlos regresar nunca más. Cuando murió su marido, Leonard Woolf, se encontraron las páginas donde Adeline Virginia Stephen (la Virginia Woolf de la literatura) recorría parte de su vida: aunque ella no quiso publicarlas, aparecieron por deseo de su sobrino, Quentin Bell, treinta y cinco años después de su suicidio en las aguas del río Ouse. En esas notas recorre su vida, sus temores, su destino de escritora y su relación con el grupo de Bloomsbury.

Sus hermanastros habían abusado de ella, y cuando inicia su vida adulta se instala en el 46 de Gordon Square, en ese barrio de Bloomsbury: allí vivió tres años, desde 1904, con otras personas, como John Maynard Keynes; y después se mudó al 29 de Fitzroy Square y permaneció allí cuatro años más. En esos días de Bloomsbury, se relaciona además con Bertrand Russell, Ludwig Wittgenstein y E. M. Forster. Después, vivió una década en Richmond, desde 1914, primero en una pequeña fonda y después en el 34 de Paradise Road, en la Hogarth House, de donde adoptaría el nombre para su editorial, donde publicaron desde T. S. Eliot hasta Robert Graves, pasando por Khaterine Mansfield y la misma Woolf. A partir de 1924 vivió siempre en el 52 de Tavistock Square, con un contrato de alquiler que alcanzaba hasta 1941 y donde escribió sus diarios íntimos: era el lugar donde volvía siempre desde su *Monk's House* de Rodmell, pero que abandonaron por las molestias causadas por los derribos cercanos: incluso su casa tuvo que ser apuntalada. En agosto de 1939, se trasladan al 37 de Mecklenburgh Square, a pesar del elevado alquiler. Allí, se pregunta: "¿En cuál de estas habitaciones moriré?" No fue allí, sino cerca de donde está enterrada, en la *Monk's House* que restauró el National Trust británico para guardar la memoria de sus días y donde los curiosos husmean ahora en su dormitorio. Junto a la casa, está la cabaña de madera donde Woolf escribía, con su mesa, la lámpara de petróleo, sus gafas y el *Times Literary Supplement.*

Woolf había iniciado la última década de su vida con la noticia del suicidio de Dora Carrington, la pintora que no pudo resistir la muerte de su amante, el escritor Lytton Strachey. No podía imaginar entonces que ella recorrería el mismo camino hacia el infierno. En aquel 1932, Woolf andaba pensando escribir una segunda parte de *Una habitación propia.* El año anterior había publicado *Las olas*, donde utiliza el monólogo interior en seis episodios y que constituye una de sus mejores obras, y *Al faro* la había publicado cuatro años antes. El 13 de enero de 1932 anota que en unos días cumplirá cincuenta años, y se pregunta "¿Cuántos años nos quedan? ¿Podemos contar con otros veinte?" Le daba vueltas a las palabras de H. G. Wells: el escritor creía que la función de la mujer debía ser apenas ornamental, porque, según él, durante diez años había podido ser otra cosa y no lo había hecho. En abril, Woolf se fue durante un mes a Grecia ("la Acrópolis con los pilares incandescentes", escribe), adonde ya había viajado un cuarto de siglo atrás con sus hermanos, con su marido y con el pintor y crítico Roger Fry y Margery Fry. Tenía problemas de salud, estaba cansada y sufrió un síncope. Durante el veraneo de Rodmell le llegó la visita de T. S. Eliot, y después le visitó la novelista

174

Rebecca West, y todavía tuvo tiempo de ir al congreso de Leicester del Partido Laborista, con quien simpatizaba, como acudirá al congreso de Hastings del año siguiente, y al de Brighton de 1935. En éste, Woolf se conmueve hasta las lágrimas escuchando a George Lansbury, y lamenta la irrelevancia de las intervenciones femeninas, aunque una de las delegadas alza su voz proclamando: "Ya es hora de que dejemos de lavar los platos".

Fue también a visitar al castillo de Sissinghurst a la poeta y escritora Vita Sackville-West, con quien Woolf había tenido un largo romance en los años veinte, a quien recogió en las páginas de su *Orlando*, que le dedica, y donde aborda la sexualidad femenina y la atracción por el mismo sexo. Tres años después, Woolf anota: "Mi amistad con Vita ha terminado", y constata que es una aristócrata sin ocupaciones, que se ha vuelto gorda y ya no tiene interés por los libros, aunque después volverá a verse con ella y la encuentra "como en los viejos tiempos". Vita era uno de los integrantes del grupo de Bloosbury más curiosos: además de novelas, escribía libros de jardinería y de santas, y su matrimonio con el diplomático Harold Nicolson, que era homosexual, convivió con su apasionado romance con Violet Trefusis, con Woolf y con otras mujeres.

Woolf está inquieta: "Cómo sufro, Dios mío! ¡Qué terrorífica capacidad la mía para sentir intensamente!", anota. En octubre, tras el congreso del Partido Laborista en Leicester, sigue trabajando sin descanso: en poco más de dos meses de 1932 escribe más de sesenta mil palabras para *Los Pargiter*, libro que con el título definitivo de *Los años* será el último que publicará en vida: *Entre actos*, donde recoge su preocupación por el paso del tiempo y sus sentimientos contradictorios sobre la sexualidad, aparece tras su suicidio. Y le atacan las jaquecas, hasta el punto de que, con frecuencia, tiene que pasar varios días en la cama. El año del ascenso de Hitler al poder lo inicia enferma, mientras su antigua amante Vita Sackville-West y su marido recorren Estados Unidos dando conferencias, aunque en mayo Woolf podrá viajar a Italia durante veinte días. Las noticias sobre la represión nazi la horrorizan, como los miles de asesinatos que Hitler ordena al año siguiente. Se entrevista con Bruno Walter, y publica *Flush*, un libro que no le gustaba, mientras se angustia por la editorial, Hogarth Press, que les da tanto trabajo y apenas sirve, dice, "para publicar a Susan Lawrence y malas novelas", aunque no sea cierto, porque ella y su marido conseguirán importantes beneficios económicos. A finales de 1933, le conmueve la muerte de la escritora feminista Stella Benson (Woolf cree que en China, aunque murió en la vietnamita bahía de Ha Long, entonces bajo la colonia francesa) cuya noticia recibe un día fúnebre en "una especie de reproche, como en la muerte de Khaterine Mansfield".

Al año siguiente, 1934, Woolf se toma un par de semanas de vacaciones en Irlanda, donde visita a la escritora Elizabeth Bowen, que participó también en el grupo de Bloomsbury; y se encuentra con Keynes y su mujer, la bailarina rusa Lidia Lopujova, quien mantenía amistad con Picasso y Stravinski. Termina ese año la novela sobre los Pargiter (disponía ya de ¡novecientas páginas! escritas, que recortará después) que aún no tenía nombre y que terminará por titularse *Los años*. Culminar el libro la sume en la depresión, como le había ocurrido al acabar *Las olas;* también tras concluir *Al faro* estuvo incluso al borde del suicidio. A final de año se encuentra con Man Ray, y accede a que la fotografíe, y se desespera porque aparece en el *Times Literary Supplement, TLS,* un artículo sobre Wyndham Lewis acerca de su libro con capítulos que abordan la obra de Woolf y la de Hemingway, Faulkner, Eliot, que la escritora recibe como un ataque personal, hasta el punto de que pasa varios días angustiada y escribe: "me he clavado la flecha de Wyndham Lewis en el corazón". Lewis había sido el principal referente del efímero vorticismo, y cinco años después, a finales de 1939, todavía Woolf tiene mal recuerdo suyo: se siente "decapitada" por él y por Gertrude Stein, de quien opina que es una escritora marginal y de segunda categoría.

En 1935, Woolf se ve con Herbert Read, Henry Moore e Irina Radetski, se enfada con E. Morgan Forster (por la actitud hacia las mujeres de quienes gestionan la Biblioteca de Londres y por la idea del autor de *Pasaje a la India* de proponerla para ingresar en el comité que dirige la institución), aunque cree que es el mejor novelista inglés vivo. Ellos dos son los escritores más notables del círculo de Bloomsbury. Forster insistió en 1940 en proponerla al comité de la Biblioteca, y Woolf volvió a negarse. Con esa tolerancia y comprensión de Bloomsbury, Woolf no hace referencia alguna, ni le da ninguna importancia, a los amantes de sus amigos, como E. Morgan Forster y el barón de Sackville, o Keynes, Duncan Grant y David Garnett, aunque en alguna ocasión utilice la ironía con sus intrigas, y hable de "la cloaca de la sodomía". En 1935, pese a su preocupación por las actividades de los nazis, realiza un viaje a Roma para encontrarse con su hermana Vanessa Bell, atravesando Holanda, Alemania y Austria. Viaja con su marido ("escondiendo la nariz de Leonard", porque es judío) y con un tití amaestrado que tenía gran parecido con Goebbels.

Se pelea con el manuscrito de *Los Pargiter*, y está incómoda con la actitud de su marido hacia los criados de su casa de Tavistock Square: ella cree que es "exigente, despótico" con los sirvientes, aunque no deja de reconocer que tiene sentido de la justicia. En junio de ese año, el gabinete de Ramsay MacDonald es sustituido por un gobierno conservador dirigido por Stanley Baldwin, que conseguirá ganar las elecciones generales en noviembre, mientras Woolf se inquieta por la guerra de Abisinia, y la que denomina "revolución fascista" en Francia. Pese a su rechazo del nazismo y su prevención, la escritora tiene que recibir a la baronesa Helene von Nostitz, sobrina de Hindenburg, que le confiesa que, con Hitler, Alemania ha mejorado. No en vano, la baronesa había suscrito en 1933 el juramento de lealtad al *führer* que firmaron 88 escritores alemanes.

En marzo de 1936, Hitler ocupa Renania y Woolf está loca por

177

sus jaquecas, hasta el punto de que pasa dos meses en cama, y cuando se recupera algo juega a las bochas, una distracción similar a la petanca, que poco a poco se convierte en una pasión para ella: a veces, solo piensa en jugar con esas bolas. Abandona la corrección de *Los años* por lo que no se publica en verano como estaba previsto, y en julio de 1936 se retira a descansar a Rodmell, a la *Monk's House*, hasta mediados de octubre; allí le llegan las noticias del estallido de la guerra civil española. Meses después, le visita *lord* Robert Cecil en su casa de Londres. Cecil, que era miembro del Consejo privado del Reino Unido, le confiesa que Churchill y su círculo están del lado de Franco.

Woolf había rechazado el verano de 1935 la propuesta del primer ministro Stanley Baldwin para participar en un lugar destacado en las celebraciones del aniversario del rey Jorge V, padre de Eduardo VIII. A finales de año 1936, cuando aún no lleva un año de reinado, estalla el escándalo de Wallis Simpson y Eduardo VIII, el monarca admirador de la Alemania nazi. En medio de una seria crisis política, Baldwin visita al rey en el Fort Belvedere, y las fuentes que nutren a Woolf le llevan a apuntar: "el rey está borracho y se muestra grosero". Finalmente, Eduardo VIII abdica el 10 de diciembre.

El éxito de *Los años* fortalece a Woolf: poco después de su publicación ha vendido diez mil ejemplares en Gran Bretaña, y en 1937 en Estados Unidos las ventas alcanzan casi los 50.000 libros; muchos, antes de su salida a la venta. Le satisface que sea considerada en los medios literarios una obra maestra, y le complacen los elogios de los escritores jóvenes como Spender o Kingsley Martin (que después dirigirá la revista *New Statesman*), aunque éste último le desagrada como persona. En 1937, tras volver de China, su sobrino Julian Bell, hijo de su hermana Vanessa, viaja a España para incorporarse a la defensa de la República asediada. Woolf estaba muy inquieta por ello: el hijo de Francis Cornford (el joven escritor John Cornford, miembro del Partido Comunista británico y voluntario en las Brigadas Internacionales) había muerto en España, en el frente de Andalucía, en diciembre de 1936, al día siguiente de cumplir veintiún años, aunque la escritora creía que había muerto en febrero de 1937. La inquietud de Woolf fue premonitaria: Julian Bell llega a España en junio de 1937 y un mes después muere conduciendo una ambulancia en la batalla de Brunete. Solo tenía veintinueve años. El impacto de su muerte para Woolf y su familia es terrible.

Ese mismo mes, Woolf ve pasar ante su casa de Tavistock Square una larga hilera de refugiados españoles que han huido de Bilbao, cargados de "maletas baratas" y cacerolas. No puede evitar las lágrimas. Acude al Royal Albert Hall a un acto en solidaridad con la República española, donde se subastan cuadros (alguno, de Picasso) para recaudar fondos y donde canta Paul Robeson, el comunista norteamericano en quien Woolf cree ver, sorprendentemente, "calidez y ardientes vapores de selvas africanas". Es un verano desgraciado para ella, aunque su economía familiar vaya bien y no tengan que vender la editorial: su marido piensa incluso en convertirla en una cooperativa para que se hagan cargo de ella Isherwood, Spender, Auden y John Lehmann, aunque finalmente Woolf venderá su parte a Lehmann de tal forma que él y Leonard Woolf pasan a ser copropietarios, mientras ella procura no pensar más que en escribir y jugar a las bochas.

Se pone a trabajar entonces en *Tres guineas*, donde analiza la discriminación de las mujeres, obra que publica en 1938 y que el *Times Literary Supplement* elogia afirmando que Woolf escribe los "panfletos más brillantes de Inglaterra". Está decidida ya a componer en el futuro libros escuetos y abandonar la escritura de obras extensas. Después, trabaja en *Entre actos*, que será su última novela y se publicará tras su muerte. Pero 1938 es otro año aciago, aunque su editorial gane montañas de dinero: Hitler invade Austria, y Woolf se angustia: teme un día que estalle la guerra, al siguiente se tranquiliza, y vuelta a empezar. Celebra el *pacto de Múnich*, que cree consolida la paz, y se felicita por el papel de Chamberlain en la cita y en frenar a Hitler, espejismo que muchos comparten esos días en Inglaterra.

Inicia 1939 con una visita a Sigmund Freud, a quien publica su editorial, y se alarma por el avance del ejército fascista en España, con las tropas de Franco en las puertas de Barcelona, cuya caída el 26 de enero recoge Woolf, junto a la muerte de Yeats, mientras piensa en los refugiados que días después llegan a Londres desde la ciudad catalana: ve que uno de ellos lleva un bebé colgando del hatillo. El gobierno británico de Chamberlain no espera mucho y abandona por completo a la República española: apenas un mes después de la caída de Barcelona, sin que la guerra haya terminado, reconoce al consejo fascista creado por Franco en Burgos como gobierno de España. Las malas noticias no se detienen: dos semanas después, Woolf anota la entrada de Hitler en Praga, apenas habían pasado cuatro meses desde su ingenuo entusiasmo por el pacto de Múnich. Ni siquiera anotará ya el final de la guerra civil española con la victoria del bando fascista: en efecto, abril es el mes más cruel. A finales de mayo, el matrimonio Woolf pasa unas semanas en Bretaña y Normandía, y a la vuelta la escritora padece la ansiedad por la situación de su suegra, que en sus últimos meses les les causa serios trastornos: esas viejas tienen "la inmortalidad del vampiro", escribe, deseando que llegue el final. Marie Woolf muere una semana después, con 89 años, y todos acuden a la sinagoga. Unos meses después Woolf cae en una profunda depresión.

La Segunda Guerra Mundial se acercaba. En 1935, Ernst Toller ya le había anunciado que el mundo estaba al borde de la guerra, y ahora comprueba que ha llegado el momento del horror. Hitler ocupa Danzig, y ella se agobia con el gentío de Tottenham Court Road, donde cree ver multitudes de gamberros, viciosos y deformes; dos días después de que Hilter inicie el ataque a Polonia, Chamberlain (que "habla como un guarda jurado", según Woolf) se dirige al país

180

por radio: ha expirado el ultimátum a Alemania para que se retire de Polonia, y el primer ministro le declara la guerra. Sin embargo, esa firmeza británica se revelará apenas una *drôle de guerre*. Llegan las alarmas aéreas, aunque Woolf constata que es la "no-guerra" porque no pasa nada, y la muerte de Freud, pero en 1940 aparece el racionamiento, la escasez, el agotamiento de las reservas de carne, el frío invierno londinense, las calles oscuras, "tenebrosas como túneles"; permanece semanas en cama por la gripe, y asiste a la invasión de Noruega, a la rendición de Bélgica, con Churchill ya primer ministro, desde mayo de 1940, ofreciendo lágrimas al país mientras el matrimonio Woolf piensa en el suicidio si Hitler vence. Y la ocupación nazi de París, mientras ella trabaja en la biografía de Roger Fry, que publica en el verano, y sigue jugando a las bochas. Observa las excavaciones en la orilla del río para emplazar ametralladoras: teme la invasión alemana. En septiembre, los bombardeos alemanes destruyen edificios cercanos a su casa de Mecklenburgh Square, la calle es evacuada y trasladan las oficinas de su editorial The Hogarth Press a Letchworth. No les queda más remedio que vivir en el campo, mientras siguen los bombardeos sobre Londres, que alcanzan de nuevo a su domicilio, a Oxford street y al Museo Británico. Pese a todo, en octubre le confiesa a Leonard que no quiere morir todavía, y va a ver las ruinas de su vieja casa de Tavistock Square y después la destrucción de las ventanas del apartamento de Mecklenburgh Square: encuentra los libros por el suelo, cascotes, polvo, pero consigue recuperar veinticuatro cuadernos de sus diarios personales y llevar miles de libros mojados a un guardamuebles. Unos días después, muere Chamberlain, Woolf se lamenta porque tienen poca mantequilla y deben sellar las ventanas cada día para oscurecer la *Monk's House*. Hace una última visita a la editorial, instalada en Letchworth.

A Virginia Woolf le gustaba charlar con Stephen Spender y con Christopher Isherwood, con frecuencia sobre la evolución de la guerra civil española, y anotaba sus impresiones sobre muchos escritores y personajes célebres. Vanidoso y teatral, Spender se pavoneaba ante ella, hasta el punto de que cuando ingresó en el Partido Comunista británico en febrero de 1937 le cuenta que "el partido quería que le matasen, para que hubiera otro Byron". Woolf dice que Spender se cree "el mayor poeta de todos los tiempos", y que D. H. Lawrence le produce frustración, "es irrespirable, huele a cerrado", a diferencia de Proust. A George Bernard Shaw, a quien conoció en la Fabian Society, lo ve dotado de gran energía, como si tuviera veinte años cuando tenía más de setenta, quien le narra su viaje a China. Y Bruno Walter no le parece "un gran director de orquesta", sino un hombre corpulento, desquiciado y poco elegante, obsesionado con los nazis. De Aldous Huxley, Woolf constata su valía pero lo encuentra frío, "pasado por agua". Y Somerset Maugham, que tiene "ojillos de hurón" y mirada de sospecha, le confiesa que Isherwood representa el futuro de la literatura inglesa.

Woolf rechazó el doctorado *honoris causa* que le ofreció la universidad de Manchester, porque creía que no había que aceptar honores ni quería que le "adornen la cabeza con una cresta". No le gustaban las ceremonias, aunque acudiese a reuniones de la Sociedad Cooperativa de Mujeres, y le incomodaban las obligaciones y compromisos sociales, el asedio imprevisto, como cuando un periodista del *New York Times* se cuela en el jardín de su casa; se aturde, acude en Londres a invitaciones que le agotan, aunque a veces encuentra pequeños paraísos como cuando celebra que han tenido tres noches solitarias, sin llamadas telefónicas y donde solo oían el ulular de la lechuza. También a la *Monk's House* llegan visitas ("yo nunca jamás invito a nadie"), y Woolf organiza comidas, cenas, recibe amistades que van a tomar el té, o celebra reuniones del Partido Laborista, en una de las cuales escucha al alcalde de la localidad lanzar "la mayor sarta de estupideces que he oído nunca", donde el regidor llega a mantener que "con los españoles no se puede hablar, pero con los musulmanes, sí". Pero la escritora encuentra la felicidad cuando las visitas se van y el matrimonio puede cenar solo, con la tranquilidad de la vida doméstica, y ella puede escribir, mientras lucha con el tabaco.

El penúltimo día de 1935, Woolf había anotado: es una "noche de tormenta, inundaciones; cuando me acuesto está lloviendo; perros que ladran; el viento golpea. Ahora me escabulliré adentro, creo, y leeré algún libro remoto". En agosto de 1938, la escritora recoge el suicidio de una vieja que se ha lanzado al mar. Siempre atrapada en frecuentes depresiones, en enero de 1941 anota la muerte de Joyce, perdido en un hospital de Zúrich. En una de las fotografías que le hizo en 1939 Gisèle Freund (la joven fotógrafa alemana que había tenido que huir de Alemania, a causa de su militancia comunista, cuando Hitler llega al poder), aparece Woolf absorta, avejentada: parece que piense en el futuro que le espera. En 1937 tenía la esperanza de vivir todavía una década más: contaba entonces 55 años pero no podía saber que solo cuatro años después estaría cansada de la vida.

"-Mañana no se podrá ir al faro" -escucha la señora Ramsay, en su novela más célebre. Virginia Woolf ya no volvería a ver el regreso de los vencejos. El 28 de marzo de 1941, dejó unas notas para su hermana Vanessa y su marido: "No puedo seguir destrozando tu vida", le escribe a Leonard. Después, fue bajando por las huertas hasta llegar a los suaves meandros del Ouse, el río que muere en Newhaven.

Paul Strand. Nunca desesperes

En mayo de 1935, el fotógrafo y cineasta Paul Strand estaba en Moscú, acompañado del director teatral Harold Clurman y de la productora Cheryl Crawford. Estaba muy interesado en el teatro soviético, asistió a muchas representaciones y pudo conocer a Eisenstein, Ekk y Dovzhenko; incluso le sugirieron la posibilidad de trabajar para el autor de *El acorazado Potemkin*, aunque la ocasión no pudo concretarse por cuestiones legales. Strand, que ya tenía una importante obra detrás, no podía imaginar entonces que solo quince años después dejaría los Estados Unidos para siempre. Cuando volvió a Nueva York, Strand se afilió a la American League Against War and Fascism (Liga americana contra la guerra y el fascismo) que había fundado el Partido Comunista de Estados Unidos, CPUSA, en 1933, tras la llegada de Hitler al poder, y que dirigía Harry F. Ward, un cristiano socialista que se enfrentó después al *mccarthysmo* y a la guerra en Vietnam. Strand, aunque conocía el acoso que sufrían los comunistas, no podía suponer que aquel gesto, viajar a la Unión Soviética y afiliarse a la Liga, le marcaría durante toda su vida, hasta el extremo de que decidió abandonar su país en 1950 en desacuerdo con la asfixiante atmósfera que había impuesto el FBI, aunque la larga mano de la represión anticomunista norteamericana le alcanzaría en Europa anulándole incluso el pasaporte en 1955, impidiéndole salir de Francia durante cuatro años; y que los servicios secretos norteamericanos seguirían espiándole, documentando sus viajes a la República Democrática Alemana, donde, en Leipzig, se hallaba uno de los mejores impresores de sus libros. Volvió a Estados Unidos una década después, en 1959, y repetiría la visita a su país una docena de veces más, incluso con estancias de varios meses, manteniendo una intensa actividad, pero siguió viviendo el resto de su vida en Orgeval, un pueblecito a treinta kilómetros al oeste de París.

Cuando llegó a Moscú, Strand ya era miembro de la League of American Writers, una asociación antifascista creada también por el Partido Comunista, de la que formaban parte Arthur Miller, Louis Untermeyer, Lillian Hellman y Dashiell Hammett, entre muchos otros, y participaba en la Workers Film and Photo League, WFPL, la Liga de trabajadores del cine y la fotografía que tenía entre sus miembros a Lester Balog, Sam Brody, Sidney Meyers, Leo Hurwitz, Willard Van Dyke, Irving Lerner, Ralph Steiner, y producía documentales sindicales que solo podían verse en locales de izquierda porque tenían vetados los circuitos comerciales. Siempre defendiendo a la clase obrera, esos documentales se proyectaban junto a películas soviéticas, aunque la presión policial y el acoso político forzó después a la Liga a denominarse Film and Photo League, FPL. Strand formó parte de su consejo asesor. En 1937, Strand escenifica y edita *Heart of Spain* con Leo Hurwitz, una película de Herbert Kline y Geza Karpathi sobre el trabajo de Norman Bethune en la guerra civil española y los estragos de los bombardeos de la aviación fascista sobre la población civil, film que se cierra con frascos de sangre de transfusiones y milicianos desfilando por la plaza de Cataluña de Barcelona ante el Hotel Colón ocupado por el PSUC. En esos años treinta, Strand ya tenía un expediente abierto en el FBI, y se incorporó al American Labor Party, ALP, una pequeña organización que colaboraba con el Partido Comunista; no hay duda de que la proximidad de Strand a los comunistas explica que no le

186

concedieran las becas que solicitó a la Guggenheim en los años cuarenta: comenzaban los años del *mccarthysmo* y de la *caza de brujas*, la siniestra persecución de los comunistas norteamericanos que tantas vidas truncó. En 1939 Strand había hecho construir una *svástica* de cinco metros de altura de la que colgó un esqueleto: con ella hizo su fotografía *Skeleton / Swastika, Connecticut*, cuya sensibilidad remite a Heartfield, y que fue publicada en la portada de una revista teatral de izquierda, TAC, causando un gran impacto: Strand tenía una explícita posición política antifascista, y aunque no trabajaba el fotoperiodismo y en la gran mayoría de sus imágenes no hay referencias políticas directas, defendía un realismo artístico que "tomara partido", como el que después mostraron De Sica en *Ladrón de bicicletas* o Rossellini en *Roma, città aperta*, que después conocería.

Strand consideraba que el arte y la política tenían objetivos comunes y no dudaba de la responsabilidad social del artista aunque tampoco dudaba en pedir la eliminación de referencias políticas si lo consideraba necesario, como hizo para la cronología de su retrospectiva de 1971 en Filadelfia, porque no ligaba su propio trabajo a un explícito alegato político. Algunos críticos han intentado hilvanar un discurso equívoco, y tramposo, para distanciarlo de su propia trayectoria política, como si su indudable defensa de los trabajadores, su denuncia de los abusos de las grandes empresas y del capitalismo, su apoyo a la paz y a los principios democráticos, y su rechazo a las intervenciones militares norteamericanas y a las guerras impuestas, como en Vietnam, no tuvieran nada que ver con el comunismo por el que tenía evidente simpatía.

La fundación que conservaba su obra por encargo de su esposa, Hazel Kingsbury, decidió en 1982 donar los negativos de Strand a la Biblioteca del Congreso pero, como si el destino quisiera ejecutar una vieja venganza, la dirección de la Biblioteca los devolvió cuatro años después a la fundación Strand. Así, los fondos acabaron en el Philadelphia Museum of Art, cuyos archivos acumulan hoy casi cuatro mil fotografías de Strand.

* * *

Su padre, Jacob Stransky, un hombre de origen judío que procedía de las tierras bohemias del imperio austrohúngaro, se dedicaba a vender vajillas esmaltadas en Brooklyn, y cambió el apellido de la familia, Stransky, por Strand, cuando su hijo Paul tenía cinco años. Paul se forma en Ethical Culture School de Nueva York, conoce a Lewis W. Hine y su *street photograpy*, fotografía callejera, de clara vocación social, y con apenas diecinueve años se une al Camera Club de Nueva York, donde colaborará durante casi treinta años, y decide dedicarse a la fotografía haciendo retratos de personas, que entonces tenían mucha demanda. Trabaja con su padre y después en una compañía de seguros. En 1911 viaja durante siete semanas por Italia, Suiza, Alemania, Francia, Gran Bretaña y Argelia, y al año siguiente recorre Estados Unidos haciendo fotografías por encargo, como hará también en 1915. Se interesa por el arte que publica Alfred Stieglitz en *Camera Work*, que va de Matisse y Picasso a Rodin y Kandinski, junto a textos literarios de vanguardia, y el joven Strand se relaciona con Picabia, Duchamp, Charles Sheeler, Clarence H. White. En 1916 hace su primera exposición en la galería *291* de Stieglitz, donde expone la fotografía *Quinta Avenida con la calle 42, de Nueva York*, con el carruaje tirado por un caballo y los primeros automóviles, y ensaya imágenes con la abstracción y también detalles de maquinaria industrial, de rodamientos de bolas Hess, de correas de ventilador, de las que expondrá algunas en el Camera Club. En los años siguientes hace retratos, toma escenas de calle, de instalaciones médicas castrenses: se había incorporado al ejército en 1918, pero pasa menos de un año porque es licenciado a causa de su mala salud. En 1922, se casó con la pintora Rebecca Salsbury, y se divorció en 1933; después, lo hizo con la actriz Virginia Balch en 1936, matrimonio que termina en 1949, y finalmente con la fotógrafa Hazel Alden Kingsbury con quien se une en 1951.

188

En 1920, Strand trabaja por primera vez en el cine, en *Manhatta*, un cortometraje que realiza con el fotógrafo y pintor Charles Sheeler donde se ven escenas urbanas neoyorquinas combinadas con versos de Walt Whitman, film que entonces fue todo un manifiesto vanguardista; mientras, expone sus fotografías y en 1922 compra una cámara para rodar que había inventado el naturalista Carl Ethan Akeley, que cambiará por una Graflex en 1929. Con la cámara Akeley, Strand hace trabajos comerciales durante una década, filmando desde carreras de caballos hasta partidos de fútbol, combates de boxeo, escuelas y hospitales, mientras piensa en ir a fotografiar a los indios pueblo de Nuevo México y Arizona. Su trabajo en el cine le absorbe en esos años y a partir de 1931 colabora con el Group Theatre de Nueva York, una agrupación que rechazaba el teatro comercial de Broadway y representaba los conflictos reales y la vida de los trabajadores, de la mano de Clifford Odets, Lee Strasberg, Harold Clurman, todos influidos por el método Stanislavski. Conoce también al novelista Waldo Frank y al compositor Aaron Copland, que después será asimismo investigado por la policía por apoyar al Partido Comunista. Strand tiene ya una marcada simpatía por el socialismo, que aumentará en sus años mexicanos.

La exposición de Diego Rivera en el MoMA, en 1932, le abre el universo mexicano; su matrimonio con Rebecca Salsbury se ha deteriorado, deja de relacionarse con Stieglitz y abandona Nueva York. Invitado por el gobierno de Abelardo Rodríguez Luján, viaja entonces a México y allí fotografía a personas sin que ellas se percaten; al año siguiente organiza una exposición de sus obras, recorre el país durante seis meses captando todo tipo de escenas, y consigue un trabajo en Ciudad de México como maestro de escuela; en el verano se divorcia de Rebecca. En 1934, Strand pasa a ser director de fotografía y cine en la Secretaría de Educación Pública mexicana, y trabaja durante meses en el rodaje de *Redes*, una película que aborda la lucha de unos pescadores contra la explotación que padecen, dirigida por

Emilio Gómez Muriel y Fred Zinnemann, que se rueda en la laguna de Alvarado, cerca de Veracruz; allí, Strand, además de escribir el guion junto a Agustín Velázquez Chávez y Henwar Rodakiewicz, se encargó de la fotografía y quiso que interviniesen en la película los propios pescadores de Veracruz, sin recurrir a actores profesionales.

Al año siguiente, trabaja en Texas y en Nebraska, con Hurwitz y Steiner, con quienes dirigirá Frontier Films, una cooperativa que crean en 1936 para producir películas donde se muestre la dura situación de los trabajadores norteamericanos (la productora hará en 1940 una crónica sobre la huelga en la General Motors del año anterior) y se aborden algunos conflictos internacionales para denunciar el auge del fascismo, como el documental *China Strikes Back* sobre la agresión japonesa a China, que crean hilvanando fragmentos de otros autores. Esa atención hacia China se concreta también en iniciativas como la que Strand (junto a Anton Bruehl, Margaret Bourke-White y Ralph Steiner) promueve en 1938 para recaudar fondos en solidaridad con el pueblo chino. En 1938, la productora estrena *Return to Life*, sobre la guerra civil española, dirigida por Cartier-Bresson y Herbert Kline. Frontier Films también tenía la pretensión de renovar el lenguaje de los documentales, y contaba con Elia Kazan y John Howard Lawson, quien en 1947 sería uno de los diez perseguidos de la *Hollywood blacklist* por los sabuesos anticomunistas del *mccarthysmo*. Strand participa además en la productora de izquierdas Nykino, que dirigirá. En esa época, mientras el MoMA inaugura una exposición de fotografías de Moholy-Nagy, Man Ray, Edward Weston y suyas, Strand vive en el 61 de la calle 9 East, junto a Broadway, hasta que en 1941 se muda al 134 de la 4 West.

La solidaridad con la Rusia revolucionaria también ocupa su atención; en 1937 firma el *Golden Book of American Friendship with The Soviet Union* dirigido al presidente soviético Kalinin, para celebrar el vigésimo aniversario de la revolución, y al año siguiente empieza a rodar *Native Land* con Leo Hurwitz, y con Paul Robeson como

190

narrador en la película, sobre el acoso de la policía y de los matones de la patronal a los sindicalistas norteamericanos, film que termina en 1941. La película fue censurada en algunas ciudades porque en ella aparecía la matanza de diez sindicalistas que había perpetrado la policía en Chicago el 30 de mayo de 1937 disparando contra una manifestación de huelguistas de la Republic Steel Corporation. En 1939, Strand, junto con Margaret Bourke-White, Berenice Abbott, Barbara Morgan y otros fotógrafos, organiza una gran muestra de fotografía para la *New York World's Fair*, una exposición internacional que se abrió con el lema *The World of Tomorrow*, aunque el mundo ya presentía pólvora y camposantos. Como muchos otros intelectuales y artistas estadounidenses, Strand está muy preocupado por el ascenso del nazismo y el fascismo: en 1939, suscribe con varios centenares de firmantes un llamamiento para la unidad de las fuerzas antifascistas, por el Frente Popular y por la colaboración con la Unión Soviética, y firma también cartas apoyando al Partido Comunista y el esfuerzo de guerra contra el nazismo. En abril de 1940 se dirige a Roosevelt denunciando el "acoso a los dirigentes comunistas" en Estados Unidos. No en vano, el Comité de Actividades Antiamericanas, HUAC, se había creado en 1938 dirigido por Martin Dies, antes de la llegada de McCarthy, aunque la persecución se remontaba a 1919 con el senador anticomunista Lee Slater Overman.

En los años cuarenta Strand es más conocido como cineasta que como fotógrafo, pero sigue preocupado por la fotografía: publica *Photographs of Mexico*. Durante los años de la Segunda Guerra Mundial difunde porfolios, expone, asiste a proyecciones, trabaja en películas, milita en todas las iniciativas de izquierda para fortalecer la alianza de Estados Unidos con la Unión Soviética en la lucha contra el nazismo, denuncia la persecución del FBI contra los comunistas, ejerce como profesor en Astor Place, cerca de Washington Square, en una escuela que habían abierto profesores despedidos por su militancia comunista, y aunque sigue interesado en el cine vuelve a la fotografía para colaborar con Hurwitz y Nancy Newhall en un gran fotomontaje en honor a Roosevelt, quien invita a la Casa Blanca a más de doscientos intelectuales y artistas, Strand entre ellos, en enero de 1945: al presidente le quedaban menos de tres meses de vida. En la primavera de ese año, el MoMA abre una retrospectiva de la obra de Strand, la primera que el museo hace sobre un fotógrafo: es un artista reconocido y valorado, y la muestra viaja después a San Francisco, Seattle y Cleveland. Strand decide también publicar un libro, *Time in New England*, con Nancy Newhall (crítica y conservadora del MoMA, que ya había hecho un trabajo semejante con Edward Weston), que aparece cinco años después con un centenar de fotografías y textos de Newhall. La guerra termina con el horror de Hiroshima y Nagasaki, que golpea la conciencia de toda la izquierda norteamericana.

En los años siguientes, Strand toma fotografías por el país, mientras se recrudece la persecución política y el fiscal general acusa a la Photo League de ser una organización comunista, a la que perseguirán hasta lograr disolverla en 1951. Strand no se resigna, protesta por *The airon courtain* (*El telón de acero*), una película de William A. Wellman ferozmente anticomunista que se estrena en 1948 y que llevó a Shostakóvich a demandar a la 20Century-Fox Film por saquear su música sin permiso. Pero la represión no se detuvo: en febrero de 1949, Strand denuncia las acusaciones del gobierno a doce dirigentes comunistas y exige a Truman y al fiscal general, Tom C. Clark, que retiren los cargos contra ellos, falsos a todas luces. Asiste entonces a la Conferencia por la Paz Mundial del Waldorf-Astoria que convoca el National Council of Arts, Sciences and Professions, NCASP, una organización que los esbirros del *mccarthysmo* calificaron también de comunista, de la que Strand formaba parte de su dirección. Durante el verano viaja al festival de cine de Mariánské Lázně, en la Checoslovaquia presidida por el dirigente comunista Klement Gottwald; allí recibe un premio del certamen y pasa varias semanas en el país, algo que en el inicio de la *Guerra Fría* no le perdonan en Estados Unidos. Después viaja a Perugia, donde conoce al director Pudovkin y a Zavattini, el guionista de *Ladrón de bicicletas*, y a París, donde encuentra a Brassaï.

Vuelve a Nueva York a finales de 1949, pero apenas mes y medio después parte de nuevo con Hazel Kingsbury para vivir en Francia; se instalan en el 98 del bulevar Blanqui de París, hasta que en 1955 se trasladan a Orgeval. Es entonces cuando empieza a pensar y mostrar su obra preferentemente en formato de libro. Dos años después ha publicado, en 1952, *Le profil de France*, un perfil del país que realiza con el poeta Claude Roy sobre un pequeño pueblo de la Charente donde recoge la devastación de la Segunda Guerra Mundial. Después seguirá agrupando sus fotografías con otros libros: *Un paese*, en 1955; *Tir a'Mhurain*, de 1962; *Living Egypt*, en 1969; y *Ghana. An African Portrait*, que aparece en 1976, año de su muerte.

En 1953 conoce a Braque, y se mueve en los círculos intelectuales de izquierda parisinos, fotografía a Simone de Beauvoir, Braque, Sartre, Picasso, Giacometti. En 1959, se reúne con Mijaíl Shólojov en París para estudiar el proyecto de un libro sobre la región del Don, que no llegará a concretarse, y cuatro años después le sugiere a Yevgueni Yevtushenko hacer un libro sobre Siberia. En el verano de 1960 viaja por Rumanía tomando fotografías para un libro que finalmente no llegó a hacer, como tampoco compondrá el que pretendía realizar sobre Marruecos, adonde fue en 1962. En 1961, se publica en Praga un volumen sobre su obra, *Paul Strand*: era ya una figura reconocida en todo el mundo desde hacía años, y en 1965 el presidente Johnson lo invita a cenar en la Casa Blanca, atención que Strand rechaza en protesta por la agresión norteamericana a Vietnam. Al año siguiente viaja a México para hacer fotografías que después aparecerán en el libro *The Mexican Porfolio*, con un prólogo de Siqueiros. Hasta su muerte en 1976 realiza numerosas exposiciones en países europeos y en Estados Unidos, como la *Paul Strand Photographs* en el Metropolitan de Nueva York en 1973, retrospectivas en museos, del

193

Pompidou de París al Kulturhuset de Estocolmo, y publica libros. Era incansable.

* * *

Desde la *straight photography, fotografía directa*, que Alfred Stieglitz había desarrollado mientras luchaba por conseguir el reconocimiento de esa disciplina, y que Strand también cultivó, las páginas de *Camera Work* sirvieron para alojar al joven fotógrafo en 1917, cuyas imágenes ya no tenían nada que ver con el pictorialismo. Allí aparece su mujer ciega, y la obesa matrona neoyorquina que bosteza. Stieglitz había fundado *Photo-Secession* en 1902, que albergará a Alvin Langdon Coburn y sus fotografías urbanas, inclinación que también desarrollará el primer Strand. Las fotografías experimentales de sus primeros años, jugando con la geometría, con miradas excéntricas y nuevas sobre los objetos, las escenas de calles neoyorquinas en la estela de la *Nueva objetividad*, de objetos inanimados y oscuros, de personas desvalidas que encuentra en Manhattan, son impactantes y conmovedoras, pero también su obra posterior es muy relevante, desde las fotografías de detalles campestres a la vida en el campo, a las personas que trabajan, y su extensa producción de retratos está presidida por un gran respeto hacia sus modelos, voluntarios o involuntarios. Los rostros de trabajadores, de náufragos de las calles, de campesinos, tienen a veces una rotundidad clásica, como el muchacho de Gondeville, la anciana de Washington Square o el herrero de Luzzara. Strand tomaba imágenes callejeras, sorprendentes escenas del Quebec, reveladoras fotografías de un perdido pueblo italiano, Luzzara (patria de Zavattini, a quien conoció en 1949) en la Emilia-Romagna, que el guionista italiano le había recomendado, con las que Einaudi le publicará el libro *Un paese* en 1955, con textos de Zavattini, bajo la influencia del neorrealismo. En ese volumen se encuentran ecos del *American Exodus*, libro que Strand conocía y

194

que había publicado en 1939 Dorothea Lange con su marido, Paul S. Taylor; y también rasgos de los relatos de Sherwood Anderson en *Winesburg, Ohio*. Strand tiene una mirada que aspira a recoger la diversidad del mundo: son las imágenes de Egipto, donde pasa varios meses en 1959 para el libro *Living Egypt* que después será editado en la RDA, y adonde regresó en 1965 para fotografiar la presa de Asuán; las de Ghana, que recorre en el otoño de 1963 hasta principios de 1964 para un libro que contaba con el aval del presidente Nkrumah, a quien también fotografiará. También, las fotografías de Marruecos, de Francia, de Estados Unidos. En Ghana, Strand comprobaría una vez más la política de su país: dos años después, el antiimperialista Nkrumah sería derrocado, mientras estaba de viaje a China, por un golpe militar urdido por Estados Unidos.

Su *Mujer ciega, Nueva York*, de 1916, con el cartel (*Blind*) colgando del pecho, ilustra la forma de trabajar de sus primeros años y su interés por los náufragos del capitalismo; y sus diferentes tomas del viaducto de Riverside Drive y la casa de Truckman, un transportista de carruajes, con los grandes carteles publicitarios al fondo y los almacenes de ruedas de coche, muestran el caos del paisaje urbano y las cicatrices y andrajos que la plutocracia dejaba a su paso modelando las ciudades industriales. Strand era meticuloso, trabajaba con calma, dedicando todo el tiempo necesario para una fotografía, y muchos de sus retratos de personas anónimas forman parte de la noche invisible del siglo XX. Cuando en 1954 viajó a las Hébridas de Escocia con objeto de tomar imágenes para un libro, fotografió a una anciana, Kate Steele (cuyas manos y rostro arrugado se ven en una escena capturada por Hazel Kingsbury, con Strand cubierto por el paño), de ojos cansados y semblante recogido en un pañuelo negro que recuerda a la mirada escéptica de la mujer del panadero de Luzzara que había tomado unos años antes. La cultura popular aparece con mucha frecuencia en sus imágenes, que a veces evocan sorprendentes semejanzas, como esa fachada vasca de Arbonne, de

1951, que parece una composición de Mondrian en blanco y negro. Al final de su vida, Strand escribió: "Me considero un explorador que ha utilizado su vida para un largo viaje de descubrimiento".

Los retratos de la familia Lusetti, de Luzzara, o *Bicicletas de trabajadores*, en el mismo lugar, que aparecen en *Un paese*, son un reflejo en la obra de Strand de la cultura antifascista que estaba reconstruyendo Italia. Pero si Strand fue evolucionando en su fotografía y se aprecian notables diferencias entre las imágenes experimentales de su juventud y las posteriores a la Segunda Guerra Mundial, tenía la misma mirada, aunque matizada por el paso de los años, para los Estados Unidos de Roosevelt, el México de Abelardo L. Rodríguez, la Italia de Luigi Einaudi y De Gasperi, para la Rumanía socialista de Ion Gheorghe Iosif Maurer, el Egipto de Nasser o la Ghana de Nkrumah, con una evidente identidad democrática por encontrar la dignidad de quienes trabajan, el fuego que nutre la lucha contra la tiranía de la plutocracia, y el socialismo que sustenta su energía, presentes en la propia elección de los lugares que visita, el Egipto del panarabismo socialista o la Ghana del panafricanismo que apoya los movimientos de liberación contra el colonialismo europeo.

Había empezado en la lejana Nueva York de principios del siglo XX tomando imágenes de la naturaleza, y en sus últimos días volvió a centrarse en ella, en su jardín de Orgeval. Durante setenta años, Strand no paró de tomar fotografías, defendió la revolución soviética y la china, e intentó encontrar puntos de colaboración de los dos países con Estados Unidos, creyendo que ello redundaría en unas mejores relaciones y fortalecería la paz en el mundo. Una de sus fotografías, tomada en 1964 en la terminal de autobuses de Acra, en Ghana, muestra una destartalada furgoneta, con los pasajeros en su interior esperando la salida, junto a una niña que vende el pan que transporta en la cabeza. En la chapa del vehículo, una leyenda pintada: "*Never despair*". Nunca desesperes.

Berenice Abbott, una extraña soledad

Berenice Abbott tuvo que esperar hasta 1983 para ser la primera fotógrafa admitida en la American Academy of Arts and Letters. Tenía ochenta y cinco años, y había visto ya casi todo el siglo XX. En las dos últimas décadas de su vida, cuando parecía estar marchándose poco a poco, refugiada en su casa de Maine, en el frío norte del país, todavía expuso en el MoMA, recibió algunos doctorados *honoris causa*, publicó de nuevo sus fotografías, fue honrada con el premio de la Association of International Photography Art Dealers, y vio que la New York Public Library exponía su obra, que llegó incluso a Tokio; después, ya en el nuevo siglo que no alcanzó a ver, incluso se realizaron documentales sobre ella, Sarah Coleman escribió una novela basada en su vida, Julia Van Haaften acaba de publicar su biografía, *A Life in Photography*, y algunas de sus fotografías han llegado a España, a la exposición en el palacio Garriga Nogués de Barcelona.

Abbott fue una joven norteamericana que, en el París de los agónicos años veinte de una Europa desmantelada que acariciaba de nuevo las palabras, recorría con su cámara la capital francesa, adonde había llegado en 1921, y trabajaba en su estudio de la rue du Bac, 44. Pocos años atrás, desde la pequeña Springfield, Abbott había llegado a Nueva York, con apenas veinte años, tras abandonar la Ohio State University con unos pocos meses de estudio. Hizo lo mismo en Nueva York: apenas permaneció unos días como estudiante en la *Columbia University*. Llegó a Manhattan soñando con el periodismo, aunque sobrevivió gracias a trabajos de oficinista y camarera. Se instala en el *Village* y conoce a la poeta británica Mina Loy (una decidida mujer que había frecuentado en París a Picasso, Apollinaire, Kiki de Montparnasse, Tzara, Rousseau, Margaret Anderson, Cocteau, Ezra Pound, y que había llegado a Nueva York en 1916, se relacionaba con Duchamp y Man Ray, y acabaría casándose con el peculiar Arthur Cravan en 1918, el mismo año en que escribió un manifiesto feminista), a Djuna Barnes, y a la ilustradora Clara Tice (cuyos dibujos eróticos escandalizaban a la burguesía de orden), todas ellas mujeres exponentes de una nueva forma de estar en el mundo, activas miembros de los restringidos círculos femeninos donde el lesbianismo se ejercía sin preocupación, donde las mujeres llevaban el pelo corto como un signo rebelde, sorprendente para la época, y se alejaban de la forzada reclusión icónica de las *chicas Tiller*, los grupos de coristas que bailaban de forma sincronizada.

Abbott frecuenta el estudio de Man Ray en Nueva York, hasta que en 1921 se va a París, donde estudia escultura con Antoine Bourdelle, un antiguo ayudante de Rodin, y, después, a Berlín, adonde se traslada en 1923 para seguir estudios de escultura en Charlottenburg. A finales de 1923 regresa a París, donde se encontrará de nuevo con Man Ray, y deja para siempre la escultura. Dos años después abre un estudio en la *rue du Bac*, 44, justo donde en 1932 se instalará Malraux y escribirá *La condición humana*. En esos años, se enamora de la modelo Tylia Perlmutter, su primer amante, a quien hará un magnífico retrato en 1926, y de la escultora Thelma Wood. En 1927, Abbott se traslada a la *rue* Servandoni, junto al Luxembourg. Hace retratos de Joyce, Barbusse, Gide, Cocteau, Ernst, Morand, Peggy Guggenheim, consigue publicar en *The Litte Review* y *Vogue*, y exponer sus fotografías junto a Man Ray, Germaine Krull y André Kertész. No tiene ninguna pretensión artística, pero plasma

198

parecidos inquietantes entre sus modelos, interrogando a su época, haciendo real la dimensión invisible de gestos y miradas, con algunos retratos extrañamente cercanos por la profundidad de la imagen a impresiones de figuras en blanco y negro de Shikō Munakata, un grabador japonés casi coetáneo de Abbott, cuyos bloques de madera, y su propia casa, fueron destruidos por los bombardeos norteamericanos de Tokio en 1945.

Cuando, a principios de 1929, Abbott vuelve de París, llega cargada con el archivo de Eugène Atget (a quien había descubierto gracias a Man Ray): mil quinientos negativos de vidrio y ocho mil impresiones, que pudo comprar por diez mil francos gracias a la ayuda de su pareja, Julie Oppenheim Reiner, aunque las dificultades le harán vender después parte de sus derechos sobre la obra. Atget fue una revelación para ella: era un actor y pintor fracasado que optó finalmente por la fotografía, convirtiéndose en el cronista de la vida cotidiana y de las calles parisinas a principios del siglo XX, como había empezado a hacer Jacques Henri Lartigue con las nuevas mujeres que frecuentaban los escenarios de la modernidad de coches, tenistas, jornadas de playa y días felices de la burguesía ociosa.

Instala un nuevo estudio en el hotel des Artistes, en la West 67th Street, junto a Central Park, aunque pocos meses después se irá de nuevo al Village, y se dedica a fotografiar a sujetos de los negocios. Nueva York está a unos meses de entrar en la Depresión: es la ciudad que empieza a ser moderna, que vive un frenesí sin fin, donde se mezclan la nueva elegancia de los vecinos adinerados y el desaliño y las vestimentas raídas de los trabajadores; la urbe donde las mujeres desenvueltas, emancipadas, siguen frecuentando el *Village*, como antes de la etapa parisina de Abbott, pero las obreras soportan duras condiciones de trabajo, y las señoras acomodadas que no pueden relacionarse con la burguesía más rica siguen en las revistas de sociedad a los afortunados que viven en Park Avenue, confiadas en las virtudes de Calvin Coolidge y seguras de que, como escribió entonces con sorna Dorothy Parker, los numerosos mendigos que se ven por las calles neoyorquinas "tienen todos grandes cuentas corrientes en el banco".

Entonces, Abbott empieza a captar escenas de la ciudad, como había hecho Atget en París, entra en edificios, sube a apartamentos, registra vistas de la ciudad, se encarama a lugares imposibles, a veces tomando el mismo motivo desde diferentes lugares, en una serie, *Changing New York*, que se convertirá en uno de sus mejores trabajos. Fotografía rascacielos y viviendas pobres, a veces con exposiciones prolongadas: ha podido comprar una cámara *Century Universal* 8x10, de madera de cerezo y fuelles de cuero rojo. En 1932, hace una de sus fotografías más famosas, *Night View, New York*, una imagen aérea del Midtown, con las luces de los rascacielos y sin que se aprecie en ella rastro de la Depresión que estaba devorando los barrios pobres. Es el apogeo del capitalismo, aunque la crisis llena de suicidas la ciudad, obliga a los menesterosos a hurgar en la basura, atrapa en largas filas de parados el desamparo y las miradas perdidas de los obreros sin trabajo, que, si bien no se ven en las imágenes de los rascacielos de Abbott, aparecen en otras, como en los vendedores ambulantes de la *Hester Street*, entre Allen y *Orchard Street* en 1938; o la miseria a pie de calle, en fotografías donde Abbott capta las casuchas donde malviven marginados y los pobres.

Empieza a trabajar en esa colección en 1931, pero tendrá que esperar hasta 1935 para conseguir financiación del *Federal Art Project*, un programa del *New Deal*, que permite trabajar a muchos artistas e intelectuales, como Dorothea Lange, que había sido contratada por la *Farm Security Administration*, la agencia de Roosevelt para luchar contra la miseria en el campo. La pareja de Abbott, Elizabeth McCausland, se encargará de escribir los textos para *Changing New York*, a veces, con tono muy crítico, como el que propuso para una fotografía de 1937 (*Gunsmith and Police Department*) donde se ve el

200

revólver que anunciaba la armería de Frank Lava apuntando a una comisaría. Pero, aunque consigue exponer, la vida sigue siendo difícil para Abbott.

No era una rareza, ni mucho menos, que un fotógrafo se lanzase a capturar la ciudad: Alice Austen ya lo había hecho, casi por casualidad, a finales del siglo XIX, mostrando los inmigrantes que llegaban a la ciudad, los trabajadores, la vida callejera, incluso (¡por primera vez!) el mundo de las lesbianas, como después haría Abbott con la periodista Janet Flanner, *Genet*, que vivía en París; con la escritora Djuna Barnes, la poeta y dramaturga feminista Edna St. Vincent Millay, y las editoras Jane Heap y Margaret Anderson, que habían fundado en 1914 la revista literaria *The Little Review* donde publicaron, entre otros, a T. S. Eliot, Ezra Pound y los primeros capítulos del *Ulises* de Joyce. Esas mujeres retratadas por Abbott formaban parte de su propio mundo, eran quienes habían conquistado un territorio de libertad personal y sexual que la sociedad observaba con sorpresa y que ella documenta, captando la realidad que ella misma vive, un trabajo que parecen celebrar, aunque no sea así, Gertrude Stein y Elizabeth McCausland, en la famosa escena captada en 1934 por un fotógrafo desconocido.

Abbott fotografía Nueva York como si pretendiese hacer un retrato de la ciudad, la convierte en protagonista de la modernidad que está cambiando Estados Unidos y el mundo: para la cultura norteamericana, que metaboliza con pesadumbre y sorpresa los materiales con los que se construye el nuevo capitalismo, que apenas una década después, en la divisoria de 1945, mostrará al mundo su poder, no hay otro lugar donde la prisa de la vida moderna ilustre la profundidad de los cambios, el alocado porvenir que llegaba, con la apresurada construcción de rascacielos, las alturas imposibles del nuevo Manhattan, el Empire State que se culmina en 1931, o el Rockefeller Center de 1938, que Abbott fotografía. Capta también el humilde Bowery, entre chinos e italianos, lleno de pobres, borra-

201

chos y vagabundos (en fotografías que recuerdan al Arkady Shaijet de *Bañando a los indigentes*, de 1927, aunque no es probable que Abbott la conociese), y después, durante la guerra lejana de Hitler, apenas motivo de noticieros prescindibles en Nueva York, Abbott fotografía Harlem y Lenox Avenue. También fotografía más tarde Boston y Baltimore. Al otro lado del mundo, ya en los años veinte, Aleksandr Ródchenko, Gustav Klutcis, Georgi Petrusov, Arkady Shaijet (con sus composiciones en diagonal) y otros habían iniciado una fotografía que buscaba nuevos enfoques, composición, una mirada revolucionaria. Las imágenes de estructuras metálicas captadas por los fotógrafos soviéticos, tienen el mismo aire de familia que algunas de Abbott, como la que toma en 1935 de la Penn Station (que después sería derribada para levantar el Madison Square Garden).

Toda esa implícita retórica de la modernidad y los rascacielos se muestra mientras la ciudad vive apresada entre los bajos salarios, la miseria de la Depresión (que fija para siempre Dorothea Lange, robando el rostro triste de la *Madre migrante*, la Florence Owens Thompson que miraba el futuro con amargura), la corrupción de los poderosos y el poder de la mafia que ha sido capaz de infiltrarse y comprar voluntades en todas las esferas de la vida y la política. Las imágenes de la ciudad moderna conviven con el ambiente opresivo de un New York City Hall capturado por la mafia y por empresarios criminales que compraron al alcalde Jimmy Walker, un hombre implicado en asesinatos y sobornos, situación que no empezará a remitir hasta la llegada de Fiorello La Guardia, un republicano autoritario que acaba con el corrompido sistema (Tammany Hall) de control político de las elecciones en la ciudad. En 1932, cuando Walker se ve obligado a dimitir por corrupción, hay doce millones de parados en los Estados Unidos, muchos de los cuales viven en una espantosa miseria, pero no son malos tiempos para Henry Ford o Harvey Firestone, que apoyan al presidente Herbert Hoover, que quiere renovar su mandato en las elecciones, mientras organizan grupos de matones para dar palizas a los huelguistas y preparan carreras de velocidad con tractores con las nuevas ruedas de caucho: las ventas de neumáticos Firestone se disparan, mientras los trabajadores deben conquistar el derecho a sindicarse, reconocido en la ley pero violado en la práctica: es prohibido por los empresarios en muchas factorías del país. Ford y Firestone odian a los sindicatos, y en Nueva York y en todas las ciudades del país sindicalistas, comunistas y militantes de izquierda soportan una dura persecución.

Ese viciado clima político pesa sobre Abbott, que en 1933 empieza a colaborar con Henry-Russell Hitchcock (quien documentaba con Philip Johnson y Lewis Mumford la arquitectura contemporánea, por encargo del joven director del MoMA, Alfred Barr) y con quien perfila fotografías de ciudades norteamericanas y de obras de Henry Hobson Richardson, un arquitecto historicista del siglo XIX que puso en boga el estilo llamado *Richardsonian romanesque*; las imágenes tomadas por Abbott servirán para una exposición en el MoMA sobre la obra de Richardson. Ese mismo año conoce a la crítica de arte Elizabeth McCausland, y al siguiente consigue exponer sus fotografías neoyorquinas en el Museum of the City of New York.

Empieza a dar clases en la NSSR, *The New School for Social Research*, en 1934, donde permanece como docente durante casi un cuarto de siglo. Abbot, que había participado en 1936 en la fundación de la *Photo League* para documentar causas sociales y la vida de los trabajadores, con fotógrafos como Aaron Siskind, Margaret Bourke-White, Paul Strand, Edward Weston o Lewis Hine, sentirá, como tantos otros, la presión y la persecución del Comité de Actividades Antiamericanas que se funda en 1938, y que, a principios de la década de los cincuenta, en el momento de mayor poder del siniestro McCarthy y de la *caza de brujas* anticomunista, acusará a la cooperativa de fotógrafos de tener lazos con el Partido Comunista norteamericano, presión que llevará a disolver la Photo League en 1951. Con el inicio de la *caza de brujas*, el FBI empieza a seguirle los

203

pasos y elabora un abultado dossier sobre ella: la policía conoce su decidida simpatía por el Partido Comunista norteamericano.

Desde 1935 hasta la muerte de su pareja Elizabeth McCausland en 1965, Abbott vive con ella en apartamentos contiguos del 50 de Commerce Street, junto al inicio de la Séptima avenida, en el mismo Village donde, después de la guerra, se instalan escritores como Spender, Isherwood, Auden; allí, el poeta londinense veía un barrio de "edificios viejos y casas ruinosas" de donde surgían los rascacielos que "se elevaban hacia el aire como girasoles". Esos gigantescos edificios grises de Abbott tienen la misma aspereza solitaria que los que asoman tras Bertolt Brecht en la famosa fotografía que captó Ruth Berlau en la Nueva York de 1946.

Durante la guerra, Abbott inventa una técnica fotográfica conocida como *Super-Sight*, y funda la *House of Photography*. En la posguerra, expone en París y publica en 1949 su *Greenwich Village. Today and Yesterday*, con texto del escritor Henry Wysham Lanier, pero no consigue publicar sus fotografías de la Route 1, una carretera que serpentea desde Cayo Hueso, en el estrecho de Florida, hasta la frontera con Canadá. A finales de los cincuenta, Abbott trabaja en las fotografías que toma para el PSSC (Physical Science Study Committee), una iniciativa del MIT de Boston para reformar la educación científica, con las que Abbott consigue fotografiar el movimiento de las ondas y con las que obtiene un gran reconocimiento en muchas publicaciones y libros de texto, además de un salario anual que le permite mayor tranquilidad personal. El optimismo de posguerra convive con la sucia persecución anticomunista que atiza delirios que habían llevado incluso al suicidio del primer jefe del Pentágono, James Forrestal, y que se incrementan cuando la Unión Soviética consigue la bomba nuclear, y con la irrupción del programa espacial soviético con el primer satélite de la historia de la humanidad, hecho que causó una gran conmoción en las instituciones científicas norteamericanas, que no podían dar crédito a que la Unión Soviética se hubiera adelantado en la investigación del cosmos, circunstancia que Abbott acoge con entusiasmo porque cree que la nueva efervescencia científica le ayudará a conseguir encargos. Consigue varias exposiciones itinerantes (*The Image of Physics*, organizada por la Smithsonian Institution, que recorrerá durante un lustro muchas ciudades norteamericanas, en los primeros años sesenta) de sus fotografías, cuyos pies de foto escribirá McCausland, quien, como la propia Abbott y su amiga Dorothea Lange, cree que los textos son fundamentales para la comprensión de las imágenes: no las concebían sin textos explicativos. Para ella, la fotografía estaba más cerca de la literatura que de la pintura. A partir de la década de los sesenta, Abbott empieza a tener problemas de salud, su compañera McCausland muere en 1965, y vende su colección de Atget al MoMA por una elevada cantidad de dinero. Consideraba a Edward Steichen, responsable de fotografía del MoMA, como su "enemigo" por su inclinación por la fotografía abstracta, y tampoco tenía en gran estima a Alfred Stieglitz, el fundador de la *Photo-Secession*. En 1969, forzada por su precaria salud, deja Nueva York para vivir en Maine, en una pequeña localidad, Monson, casi en la frontera canadiense, y desde allí sigue de lejos el eco de su vida.

El paso del tiempo está ligado a esas imágenes de Abbott, que, a casi un siglo de distancia, se nos antojan pintorescas escenas de una existencia perdida, lejos de la agitación y la furia en que sus contemporáneos creyeron vivir. En su mirada están los rascacielos, las casas neoyorquinas donde personajes de Hooper se encierran en su soledad pese al frenesí de las calles, las tiendas abigarradas de objetos que Abbott documenta como si mostrase la opulencia de la vieja América que estaba desapareciendo, la perdida Mannahatta de Walt Witman ("el nombre noble y digno de mi ciudad, rescatado"), las palabras de Dorothy Parker enseñando las cicatrices oscuras que marcaban a su querida Nueva York y hablaban de la discriminación racial, de los sujetos mezquinos, pagados de sí mismos, a quienes ridiculizaba. Sus retratos de personajes, las imágenes de Nueva York, sus fotografías de ciencia, eran un reflejo de la realidad, que siempre quiso capturar, esquiva con la abstracción, aunque muchas de sus realistas fotografías científicas parecían, paradójicamente, puras abstracciones. Capturar el cambio de la ciudad fue uno de sus logros, siempre en busca de la fotografía *objetiva*, documental. La célebre imagen de Abbott del cruce de Pike con Henry Street, en Nueva York, en 1935, recoge una calle llena de basura y agua sucia, donde se ve al final de la vía el Manhattan bridge. Hoy, Pike Street ha cambiado por completo: los viejos edificios de cinco plantas con escaleras de incendio en las fachadas han sido sustituidos por feos bloques de ladrillo rojo de apartamentos y, junto al puente y el East river, en el 250 de South Street, se alza un rascacielos de vidrio azul de dos cuerpos y setenta y dos plantas llamado One Manhattan Square.

En uno de los informes del FBI se acusaba a Abbott de que siempre utilizaba pantalones y de ser lesbiana, acumulando a sus simpatías comunistas lo que para la policía eran signos de sospecha y vergüenza, pero ella fue siempre fue una mujer discreta, a quien no gustaba hablar de su vida privada: contó con sus fotografías para dejar la huella de quién era y qué pensaba. "Me habría contado la historia de su vida si se lo hubiera pedido", reflexiona Marlowe tras hablar con Terry Lennox, en ese Los Ángeles de Chandler tan distinto a la Nueva York de Abbott, aunque ambas eran ciudades capturadas por mafiosos y por tiburones de los negocios que disponían de sus calles y sus vidas, pero Berenice Abbott no lo hizo nunca, y, sin embargo, algo parecido se desprende de sus fotografías y de su autorretrato de 1932, con sus ojos azules y su pelo de *flapper* o, tal vez, de *garçonne*: parece querer contarnos su vida, aunque apenas vislumbremos una extraña soledad.

206

INDICE